Haftungsausschluss

Der Inhalt dieses Reportes basiert auf allgemein zugänglichen Informationen, eigenen Recherchen und Erfahrungen. Die Empfehlungen dieses Reportes erfolgen nach besten Wissen und Gewissen. Eine Haftung aufgrund der publizierten Inhalte ist dennoch ausgeschlossen.

Copyright

Alle Inhalte dieses Reportes sind geschützt durch Copyright. Jede Vervielfältigung der Texte ist strengstens verboten und erfordert die individuelle Einwilligung des Autors. Alle Rechte vorbehalten Copyright © Der Goldfinger Report™ All Rights Reserved

© Goldfinger Report™

info@goldfinger-report.com

© 2017

Verlag:
CreateSpace, a DBA of On-Demand Publishing, LLC.
ISBN-13: 978-1542903660
ISBN-10: 1542903661

Autor/Kontakt
Alexander J. Fuchs
info@goldfinger-report.com

NWO!
Überleben im 21. Jahrhundert!

INHALT

Kapitel I. Gesundheit 4
1.1. Die NWO auf den Punkt gebracht! 4
1.2. Die geheime Diät der Elite! 8
1.3. Der Supermarkt der Elite – hier kauft sie ein! 21
1.4. Diese natürliche Substanz heilt alle Krankheiten –bis auf den Tod selbst! 23
1.5. Braten Sie hierin Ihr Essen! 26
1.6. Fluorid! So schützen Sie sich und Ihre Familie! 28
1.7. Besser als Zähneputzen! Eine Technik uralter Hochkulturen! 33
1.8. Warum Sie niemals masturbieren sollten! 36

Kapitel II. Finanzen 42
2.1. Geld ohne Arbeit? So geht's richtig und ortsunabhängig! ..42
2.2. OECD-Abkommen! Wo kann ich mein Geld noch verstecken?! 49
2.3. Wo man keine Steuern zahlt, unter Palmen lebt und Englisch spricht! 52
2.4. Wo kann man noch gut leben, arbeiten mit wenig Steuern? Hier geht's! 56
2.5. So schützen Sie Ihr Kapital vor Inflation, Währungscrash oder Staatspleite! 69
2.6. Das beste Goldversteck der Welt! Hier sollten Sie lagern! .75

2.7. Die geheime Währung der Insider! So bewegen Sie Millionen, ohne aufzufallen! 78
2.8. Immobilien: Wo und wo nicht!!! 82
2.9. Die 50/50 Taktik! So handelt man Optionsscheine „ohne Risiko"! 90
2.10. Die Börse und die Bibel! 94

Kapitel III. Zukunft 99
3.1. Der 3. Weltkrieg! Wo und wann?! 99
3.2. Hier lohnt es sich noch eine Familie zu gründen! 106
3.3. Wie überlebe ich den kommenden Kollaps des Systems! 113
3.4. Sauberes Trinkwasser immer und überall ohne jeglichen Aufwand! 117

Kapitel I. Gesundheit

1.1. Die NWO auf den Punkt gebracht!

Die „Neue" Weltordnung sollte eigentlich jedem Leser dieses Buches bekannt sein, denn das Internet hat dafür gesorgt, dass man sich innerhalb weniger Mausklicke einen groben Überblick darüber verschaffen kann. Falls Sie dennoch nie etwas von der Neuen Weltordnung gehört haben, bekommen Sie nun hier eine kurze Zusammenfassung und zwar nicht etwa „meine" persönliche – sondern die eines der Mitglieder der Neuen Weltordnung höchst persönlich – Dr. Richard Day!

Wer war Dr. Richard Day?

Dr. Day war ein Medizinprofessor an der Mount Sinai School of Medicine in New York. Doch war er gewiss kein "normaler" Professor, denn Dr. Richard L. Day war nicht nur eine Größe auf dem Gebiet der Kinderheilkunde (Pädiatrie) und vor allem der Fortpflanzungsmedizin – sondern Day war auch ein echter Insider. Von 1965 bis 1968 war er Medizinischer Direktor der von Rockefeller gesponserten Organisation für geplante Elternschaft (Planned Parenthood, früher American Birth Control League), er war also ganz nah an den führenden Welteliten und deren Plänen dran.

Der große Plan: „Die Neue Weltordnung der Barbarei"!

Am 20. März 1969 hielt Dr. Day einen Vortrag vor der Pädiatrischen Gesellschaft von Pittsburgh. In diesem Vortrag legte er den kompletten Fahrplan der Elite, zu Erreichung der Weltherrschaft offen. Day wollte das ausgesuchte Publikum (was größtenteils aus hochangesehenen Ärzten bestand), aufklären, damit sich diese auf die Neue Weltordnung vorbereiten konnten. Dr. Day verbot jedoch allen dort anwesenden Ärzten jegliche Tonbandaufnahmen oder Mitschriften. Einer dieser Zuhörer, war ein Mann namens Dr. Lawrence Dunegan! Dieser sprach, nachdem er Jahre danach realisierte das sich viele der Prognosen von Dr. Day bewahrheiteten, die Kernaussagen Days im Jahre 1988 auf ein Tonband und vertraute dieses Band Frau Randy Engel von der US Coalition of Life an.

Die Niederschrift dieses Tonbandes ist allgemein als „The NEW World Order of the Barbarians" bekannt! In diesem Tonband bzw. dessen Niederschrift, die ja auf einen Vortrag von 1969 beruht, wird der genaue Plan einer globalen Elite vorgestellt, mithilfe dessen sich diese Gruppe die Weltherrschaft sichern will!

Hier folgt nun eine Zusammenfassung in Stichworten dieses Tonbandes:

Bevölkerungsreduzierung; Erlaubnis Kinder zu bekommen; Neuausrichtung des Sinn von Sex; Sex ohne Fortpflanzung; Verhütung universell erhältlich; Sexaufklärung der Jugend als Werkzeug für die Weltregierung; Subventionierung der Abtreibung als Bevölkerungsreduzierung; Förderung der Homosexualität; alles ist erlaubt Homosexualität; Technologie zur Fortpflanzung ohne Sex; Zerstörung der Familie; Sterbehilfe und die „Todespille"; Der Zugang zu bezahlbarem Krankenversorgung einschränken, um die Alten los zu werden; Zugang zu Medizin wird streng kontrolliert; die Abschaffung selbstständiger Ärzte; Schwierigkeiten neue unheilbare Krankheiten zu diagnostizieren; Unterdrückung der Krebsheilung zur Bevölkerungsreduzierung; Auslösung von Herzattacken um Leute zu ermorden; Schulausbildung um die Pubertät und Evolution zu beschleunigen; die Verschmelzung aller Religionen; die alten Religionen müssen verschwinden; Veränderung der Bibel durch eine Revision der Schlüsselwörter; Schulausbildung als Werkzeug zur Indoktrination; längere Schulzeiten, aber Kinder lernen nichts dabei; Kontrolle des Informationszugangs; Schulen als Zentrum der Gemeinde; gewisse Bücher werden einfach aus den Bibliotheken verschwinden; Gesetzesänderungen die soziales und moralisches Chaos auslösen; Förderung des Drogenkonsums um eine Jungelatmosphäre in den Städten zu produzieren; Alkoholkonsum fördern; Beschränkung der Reisefreiheit; Notwendigkeit für mehr Gefängnisse; Verwendung von Spitälern als Gefängnisse; keine psychologische und physische Sicherheit; Kriminalität zur Steuerung der Gesellschaft; Einschränkung der US-Industriedominanz; Verschiebung der Völker und Wirtschaften; Herausreißen der sozialen Wurzeln; Sport um die Gesellschaft umzubauen; Sex und Gewalt in der Unterhaltung; implantierte ID-Karten; Lebensmittelkontrolle; Wetterkontrolle; Wissen wie Menschen funktionieren, damit sie das machen was man will; Fälschung der wissenschaftlichen Erkenntnisse; Anwendung von Terrorismus; Fernsehen welches einen beobachtet; Eigenheimbesitz gehört der Vergangenheit an; die Ankunft eines totalitären globalen Systems.

Das alles kündigte Dr. Day bereits 1969 in seiner Rede an!

Wenn Sie mehr zu den Hintergründen und auch Aussagen bezüglich dieses Vortrages wissen wollen, dann empfehle ich Ihnen folgenden ausführlichen Blogpost:

http://wachlangsamauf.blogspot.de/

1.2. Die geheime Diät der Elite!

Im dem vorherigen Abschnitt haben Sie die Pläne der Weltelite und dessen Instrumente, der sie sich bedient, kennengelernt! In diesem Abschnitt werden Sie erfahren, welche Nahrungsmittel die Elite bevorzugt, um ein langes und gesundes Leben führen zu können. Auch wenn dieses Thema für sich selbst fast schon ein ganzes Buch beanspruchen könnte, so habe ich versucht die wichtigsten Punkte in einen Abschnitt zu packen.

Im Endeffekt sind die Regeln dieser speziellen Diät ganz einfach und bestehen aus drei Komponenten, die im Kern das Gleiche bedeuten: Organic + Kosher + Paleo!!!

Organic!

Organic bedeutet in Deutschland so viel wie „Bio". Das heißt Nahrungsmittel aller Art, aus Biologischem Anbau, ohne chemische Zusatzstoffe! So einfach! Das Deutsche Bio-Siegel

hat eine sehr hohe Reputation! Das heißt: Alle Lebensmittel die ein solches Siegel auf Ihrer Verpackung aufweisen können, sind ohne jegliche Bedenken konsumierbar! Nun gibt es aber ein Geheimnis, welches 90% der Menschen in „der westlichen Welt" nicht bekannt ist! Und wenn Sie dieses Geheimnis, oder besser gesagt, diesen Speisevorschriften nicht folgen, dann bringt es Ihnen auch nichts, wenn Sie sich ausschließlich nur „Bio" ernähren. Sie werden früher oder später gesundheitliche Beschwerden bekommen!

Das Geheimnis lautet „Koscher!"

Nein, ich bin selber kein Jude, esse aber ausschließlich Koscher oder „Halal", was bis auf einige wenige Unterschiede, fast dasselbe ist. Doch später dazu mehr.

Was bedeutet Koscher?

Koscher bedeutet wortwörtlich übersetzt "perfekt!". Koscher ist nichts anderes als eine Lebensanleitung von GOTT, die in der Torah, der Bibel und dem Quran zu finden ist und sich nicht nur auf das Essen bezieht.

Nun aber zu den Speisegesetzen:

Ob Sie religiös sind oder nicht, sich als Agnostiker oder als Atheist bezeichnen, die folgenden Informationen werden Ihr Weltverständnis fundamental ändern - und ja - auch Ihre Sicht auf die drei monotheistischen Weltreligionen (die alle von demselben GOTT offenbart wurden).

Denn wenn die meisten einfach nur Unverständnis dafür äußern, warum die Juden und Moslems kein Schweinefleisch essen, fragt sich so gut wie keiner dieser „Christen" oder Atheisten, was denn die heutige Wissenschaft beispielsweise über Schweinefleisch herausgefunden hat, geschweige denn, das auch Christen kein Schweinefleisch laut Bibel essen dürfen!

Aber erstmal zu den heutigen Wissenschaftlichen Erkenntnissen über die Speisegesetze der Bibel (Torah/Quran)!:

In der Bibel steht geschrieben: 3. Mose 11.

1Und der HERR redete mit Mose und Aaron und sprach zu ihnen: 2Redet mit den Kindern Israel und sprecht: Das sind die Tiere, die ihr essen sollt unter allen Tieren auf Erden. 3Alles, was die Klauen spaltet und wiederkäut unter den Tieren, das sollt ihr essen. 4Was aber wiederkäut und hat Klauen und spaltet sie doch nicht, wie das Kamel, das ist euch unrein, und ihr sollt's nicht essen. 5Die Kaninchen wiederkäuen wohl, aber sie spalten die Klauen nicht; darum sind sie unrein. 6Der Hase wiederkäut auch, aber er spaltet die Klauen nicht; darum ist er euch unrein. 7Und ein Schwein spaltet wohl die Klauen, aber es wiederkäut nicht; darum soll's euch unrein sein. 8Von diesem Fleisch sollt ihr nicht essen noch ihr Aas anrühren; denn sie sind euch unrein.

Was sagt nun die Wissenschaft über Schweinefleisch!

(An dieser Stelle sei noch kurz angemerkt, dass viele orthodoxe Juden in Israel, mit denen Kollegen gesprochen haben, gar nicht wollen – das Sie als Nichtjude – dieses Wissen über unsere tägliche Nahrung haben! Genauso wenig wie es im Interesse der internationalen Elite ist, das Sie wissen was Sie da eigentlich täglich in Ihren Magen tun! Sie könnten ja wohlmöglich gesund bis ins hohe Alter sein!)

Es ist wohl kein Geheimnis das Schweine schmutzige Tiere sind. Sie wälzen sich täglich im eigenen Dreck und essen alles was ihnen vors Maul kommt, selbst Kot oder gar ihre eigenen Kinder! Schweine sind „Allesfresser", die selbst Pappe oder alte Zeitungen essen. Daher sind diese Tiere auch am einfachsten zu mästen, da man ihnen alles vorsetzen kann und sie dabei nicht wie etwa eine Kuh, wählerisch sind oder gar aufgrund von Abfällen sterben würden. Doch abgesehen von diesen Tatsachen, spielen sich Vorgänge im Inneren des Schweines ab, die dem menschlichen Auge vorerst verborgen bleiben.

Fakt 1. Schweine besitzen keine Schweißdrüsen!

Schweißdrüsen sind aber essentiell um Giftstoffe aus dem Körper auszuleiten. Das Schwein wiederrum sammelt diese Toxine im Inneren seines Körpers. Der Körper (das Fleisch) des Schweines ist daher voll von Giftstoffen, die Sie beim Verzehr dieses Fleischen in Ihren Körper aufnehmen!

Fakt 2. Schweine tragen enorme Mengen an Viren und Pilzen in sich!

Aufgrund ihres Lebensstils als Aasfresser, wimmelt es nur so von gefährlichen Viren und Pilzen im Körper des Schweines:

- *Taenia solium*, Schweinebandwurm
- PRRS (Porzines Reproduktives und Respiratorisches Syndrom)
- Nipah-Virus
- Menangle-Virus
- Hepatitis-E-Virus (HEV)

Um nur einige gefährliche Viren- und Wurmarten zu nennen! Diese sterben auch zum großen Teil nicht ab, wie von Vielen angenommen, wenn Sie das Schweinefleisch erhitzen durch braten oder kochen, was bis heute ein weitverbreiteter Irrtum ist!

Fazit: Tiere die „Wiederkäuer" sind – wie es in der Bibel steht – kauen ihr Futter kaum, bevor sie es runterschlucken. Sie besitzen dafür aber vier Mägen, die das Futter verdauen und wieder hochwürgen, sodass es dabei vollständig verdaut wird! Die wichtigsten Wiederkäuer und somit koscheren Tiere mit gespaltenen Hufen sind: Kühe, Schafe und Ziegen!

Das Schwein wiederrum verfügt nur über einen Magen, indem das Futter in nur vier Stunden zersetzt wird. Bei einer Kuh dauert die Verdauung etwa 24 Stunden, sodass sich die Kuh während dieser Zeit von überschüssigen Toxinen befreien kann. Das Verdauungssystem des Schweines lässt dies nicht zu, die Toxine werden in den Fettzellen und Organen des Schweines transportiert und gespeichert. Und der Schlachter von „nebenan" verkauft Ihnen dann Leberwurst („Virenwurst"!) als Delikatesse! Bon Appetit!

Also Regel Nr. 1: Essen Sie auf keinen Fall Schweinefleisch (Produkte)! Damit haben Sie schon einmal einen riesen Vorteil gegenüber 90% der Menschen im Westen!

Die Torah und Bibel stimmen mit den Speisegesetzen fast zu 100% überein. So ist z.b. auch das Essen von Muscheln und Krabben untersagt. Man dürfe nur essen was Schuppen und Flossen hat.

Nun ist aber noch ein weiter Punkt sehr wichtig, damit diese Tiere (ausgenommen Meerestiere) „Koscher" sind. Und zwar das „Schächten" bzw. der Blutausfluss des jeweiligen Tieres, da der Verzehr von Blut ausnahmslos verboten (schädlich) ist!

Wenn die meisten Menschen das Wort „Schächten" hören, dann denken sie sofort an Tierquälerei und grausame Schlachtrituale.

Dass das „Schächten" im Sinne GOTTES genau das Gegenteil ist, wird dabei nie berücksichtigt!

Das Schächten!

Beim Schächten laut der Schriften:

- Darf kein anderes Tier dabei zusehen, wenn geschlachtet wird!
- Darf das jeweilige Tier keine Angst verspüren!
- Muss das jeweilige Tier artgerecht gehalten und gefüttert werden! Heute würden wir sagen „biologisch" gehalten werden!
- Muss GOTTES Name vor dem eigentlichen Schlachten ausgerufen werden!
- Die Tiere werden mit einem speziellen Messer mit einem einzigen großen Schnitt quer durch die Halsunterseite, in dessen Folge die großen Blutgefäße sowie Luft- und Speiseröhre durchtrennt werden, getötet!
- Das Tier wird hierbei bewusstlos und bekommt das eigentliche Ausströmen des Blutes gar nicht mehr mit. Die Zuckungen der Tiere sind hierbei nur noch die Nerven!
- Das Tier muss komplett ausbluten! (Die meisten Viren und Pilze befinden sich im Blut)

Anmerkung: Ich bezweifle aber nach eigenem Beobachten, dass Tiere wie Kühe bei der „Schächtung", keine Schmerzen empfinden. Ich sehe daher eine Betäubung vor jeder Schächtung, als absolute

Pflicht an! (Es geht im Endeffekt ja auch nur um den Ausfluss des Blutes (siehe Virenpool!), nicht um das „Schächten" an sich! Wenn Sie ein Fleischesser sind, so gibt es kein gesünderes Fleisch als „Koscher-Fleisch". Leider gibt es aber auch immer schwarze Schafe innerhalb dieses Marktes, heißt es gibt auch viele Produkte auf dem Markt, die Koscher/Halal-zertifiziert sind, dennoch aber diverse Farbstoffe und oder Geschmacksverstärker beinhalten. Laut Definition sind diese Speisen dann aber nicht mehr „Koscher" bzw. „Halal", da alles was dem Körper schadet, „Haram" also „Sünde" bzw. unrein ist. So kann ein „geklontes" Schaf niemals „Halal" sein, auch wenn es in der korrekten Form geschlachtet /geschächtet) wurde!

Wo bekomme ich also „Halal" bzw. „Koscheres" Fleisch?!

Also, Koscher-Supermärkte sind in Deutschland so gut wie nicht vorhanden! Anders in Amerika, Kanada oder auch Australien. Hier können Sie sich vor „Kosher-Shops" gar nicht mehr retten.

In Deutschland hingegen ist die Islamische-Community sehr groß. Diese (meist türkischen) Supermärkte und Fleischereien bieten ausnahmslos nur „Halal" Produkte an. Doch auch hier gibt es sehr gravierende Unterschiede. Das heißt, manch ein Ladenbetreiber nimmt es dann doch nicht so genau mit der Sauberkeit und Reinhaltung oder eben verkauft abgepackte Fleischware mit Farbstoffen und Geschmacksverstärkern etc. Sie müssen also selber entscheiden, wo Sie dort kaufen wollen!

Doch es gibt ein Geheimtipp, den es fast in jedem großen Supermarktanbieter wie REWE, Combi etc.in Deutschland im Eisfach gibt: Diese Marke heißt: Pure Incredients!

Die Fleischprodukte dieser Holländischen Firma sind:
- Halal!
- Sind ohne künstliche Geschmacksverstärker, Zusatz- oder Farbstoffe!
- Auf natürlicher Basis!

Sie können diese Fleischprodukte ohne Bedenken essen!

Zudem sei noch angemerkt, dass es sowieso vorteilhafter ist, möglichst wenig Fleisch zu essen! Ein Veganer Lebensstil ist nicht zu verachten, doch müssen auch hier ausschließlich Bio-Produkte auf natürlicher Basis genutzt werden. Ansonsten werden Sie auch mit einer veganen Ernährung sehr bald krank werden.

Paleo!

Die Paleo Diät besteht aus:

- Gemüse
- Fleisch
- Fisch
- Eiern
- Salaten
- Nüssen
- Fetten
- Obst

Zudem zeichnet sich die Paleo Diät dadurch aus, dass die folgenden 6 Dinge nicht verzehrt werden dürfen:

1. Kein Zucker!
2. Kein Getreide (Gluten!)!
3. Kein Pflanzenfett!
4. Keine Fertiggerichte!
5. Nur gemäßigter Obstverzehr (siehe Zucker)!
6. Keine Milchprodukte!

1. Kein Zucker!

Die Elite isst zwar auch Kuchen, Kekse oder andere Süßwaren, doch sind diese immer alternativ gesüßt. Niemals mit Zucker (weißer, brauner Rohr- oder Industriezucker sind alle gleich schädlich für den Körper!)

Die heutigen Süßwaren sind meist vollgestopft mit Zucker, doch unser Körper ist nicht dazu geschaffen, solch große Mengen an Zucker aufzunehmen. Denn der Zucker im Körper ist die Hauptnahrungsquelle von Viren und Pilzen im Darm. Diese wiederrum zersetzen dann die inneren Organe durch ihre Ausscheidungen, die sich im Körper ansammeln.
Alternativ können Sie mit Honig oder „Stevia" süßen. Sie bekommen selbst Schokolade die ausschließlich mit Stevia gesüßt ist und somit (wenn sie denn Bio ist) sogar gesund ist. Sie werden den Unterschied gar nicht schmecken!

2. Kein Weizen (Gluten)!

Ein weiteres Geheimnis ist, das viele Leute der Elite kein Gluten verzehren. Dass Weizen des 20. Und 21. Jahrhunderts hat leider nicht mehr viel mit dem Ur-Weizen zu tun. Der Klebstoff „Gluten" der in allen Weizenprodukten vorkommt, soll laut neuester wissenschaftlicher Erkenntnisse, das Gehirn langsam zerstören und für allerlei Volkskrankheiten verantwortlich sein. (Siehe auch Demenz, Schlafstörungen, chronische Kopfschmerzen, Allergien etc.)

„Glutenfree-products" sind schon seit Jahren in Amerika der Hit. Doch auch in Deutschland wird das Problem mit dem „Gluten" immer mehr bekannt. So kriegen Sie auch in Deutschland in großen Bio-Läden eine Fülle von Backwaren (Brot, Kekse etc.) die „Glutenfrei" sind.

Ich persönlich bin auf das Thema „Glutenfrei" gekommen, da ich an einer Hautallergie litt, die im Verdacht stand, durch „Gluten" ausgelöst zu werden. Ich aß also eine ganze Zeit lang keine Weizenprodukte mehr und siehe da, meine Allergie verschwand allmählich! An dieser Stelle kann ich noch das Buch „Dumm wie Brot!" von Dr. David Perlmutter empfehlen!

3. Kein Pflanzenfett!

Pflanzenfette und Margarinen enthalten in der Regel große Mengen mehrfach ungesättigter Fettsäuren, Omega-6-Fettsäuren und oft auch Transfettsäuren („gehärtetes Fett"). Durch die weite Verbreitung von Pflanzenölen und Margarine in der heutigen Ernährung des Menschen liegt ein starker Überschuss an diesen Fettsäuren vor. Zudem neigen Omega 6 Fettsäuren im Übermaß zu Entzündungen im Körper. Auch Transfettsäuren verursachen im Körper Entzündungen, erhöhen die Gefahr von Herzerkrankungen und fördern gleichzeitig die Speicherung von Körperfett! Deshalb sollten Sie am besten Kokosöl zum Braten benutzen, da dies das einzige pflanzliche Öl ist, welches gesättigte Fettsäuren enthält! Von Schweineschmalz ist abzuraten, da nicht koscher! Also einzige Alternative: Bio Kokosöl!

4. Keine Fertiggerichte!

Dies sollte keine große Überraschung sein, da in Fertiggerichten meist große Mengen an:

- Zucker!
- Gluten!
- Geschmacksverstärkern!
- Pflanzliche Fette!

- Konservierungsstoffe!
- Künstliche Aromen!
- Stabilisatoren!

beinhalten! Also Finger weg!

5. Nur gemäßigter Obstverzehr!

Ja, Obst ist gesund, vor allem wenn es Bio ist! Doch Obst sind die Süßigkeiten der Natur und enthalten dadurch auch sehr viel Zucker (Fructose)! Dieser gelangt zwar nicht ganz so schnell ins Blut wie herkömmlicher Zucker, doch darf man die Wirkung großer Mengen Obst im Magen nicht unterschätzen (siehe Candida). Es gilt also, halten Sie Ihren Obstgebrauch in Grenzen und nutzen Sie dieses nur morgens zu einem Smoothie. Der Schwerpunkt sollte dann auf Gemüse und gesunden Eiweiß (Bio Eier, Koscher-Fleisch liegen!

7. Keine Milchprodukte!

Milch enthält zahlreiche Stoffe die für den menschlichen Körper gar nicht verwertbar sind! Daher leiden auch viele Menschen an einer Laktoseintoleranz! Doch auch Akne, Allergien und andere Autoimmunkrankheiten sollen durch Milchprodukte ausgelöst werden. Zudem werden die meisten Kühe mit Getreide gefüttert, was wiederrum „Gluten" in die Milch bringt! Daher sollte man auch nur „Grasgefütterte Kühe" essen und wenn überhaupt – deren Milchprodukte verwenden! Alternativ können Sie Bio-Mandelmilch nutzen, die nicht nur wie echte Milch aussieht, sondern auch noch viel besser schmeckt (wenn diese alternativ gesüßt ist!).

Also fassen wir noch einmal alles schnell zusammen:

1. Sie sollten Ihr Fleisch immer nur in Bio Qualität nach „Koscher" bzw. „Halal"-Richtlinien verzehren!
2. Sie sollten Ihr komplettes Obst und Gemüse nur in Bio-Qualität verzehren!
3. Sie sollten auf Gluten verzichten!
4. Sie sollten auf herkömmlichen Zucker verzichten!
5. Sie sollten keine Fertigprodukte zu sich nehmen!
6. Sie sollten auf Milchprodukte verzichten!

Und das bringt uns auch schon zum nächsten Kapitel.

1.3. Der Supermarkt der Elite – hier kauft sie ein!

Es sei gleich schon angemerkt, diesen Supermarkt gibt es leider noch nicht in Europa (abgesehen von England). Die Rede ist von „Whole Foods"!

In dieser Supermarktkette bekommen Sie:

- Koscher Fleisch (von der Theke, frisch abgepackt oder im Eisfach!)
- Glutenfreie Backwaren (Brot, Brötchen, Kuchen, Kekse etc.) aller Art in Bio-Qualität ohne Zucker!!!
- Obst und Gemüse in Bio-Qualität!
- Fisch in Bio-Qualität!

Diese Supermarktkette stammt aus den USA und ist nun auch in Kanada, Australien und England zu finden.

Ich selber wohne einige Monate des Jahres in Florida in einem Ferienhaus. Wenn ich dort bin, kaufe ich ausschließlich nur bei Whole Foods und ich kann Ihnen sagen von so einem reichen Angebot kann man in Europa leider nur träumen. Auch ich dachte die Amis sind alles nur fettgefressene „Burgerfreaks", doch ist ein großer Teil der Mittel- und Oberschicht dort wesentlich gesundheitsbewusster, als wir hier in Deutschland. Speziell an der Westküste (Kalifornien) ist es schon völlig normal, dass es dort Pizzerien gibt die ausschließlich nur „Glutenfree" Pizza servieren.

In Deutschland wird der Trend zum Bio aber GOTT sei Dank auch immer stärker. So finden Sie auch in Deutschland große wie auch kleine Bioläden, die ein sehr großes Sortiment an Obst und Gemüse, wie auch „Glutenfreier" Nahrung aufweisen. Allein beim Fleisch wird es schon wieder kritisch! Auch „alternativ" gesüßte Lebensmittel (Kekse, Kuchen, Schokolade") sind dort auch noch eher selten anzutreffen. Dies sollte sich aber in den kommenden Jahren ändern. Aber wie gesagt, ich empfehle sowieso Europa zu verlassen!

1.4. Diese natürliche Substanz heilt alle Krankheiten – bis auf den Tod selbst!

„Schwarzkümmel heilt alle Krankheiten bis auf den Tod!" diesen Satz soll einmal der Prophet Muhammed ausgesprochen haben. Doch auch die alten Ägypter wussten schon von der heilbringenden Wirkung dieses Gewächs! Der legendäre Pharao „Tutenchamun", ließ sich mit einem kleinen Fläschchen Schwarzkümmelöl begraben, wo von Sie sich selber im Ägyptischen Museum in Kairo bis heute überzeugen können. Doch auch in Deutschland stieß man schon in der Vergangenheit auf dieses Wundermittel. So ließ es der christliche Kaiser, Karl der Große, sogar mit Befehlsgewalt in seinem Reich anbauen. Und auch wenn heutzutage dieses alte Heilmittel erst langsam wieder in das Bewusstsein des „Westens" gelangt, so war es bis ins 18. Jahrhundert hinein, ein anerkanntes Therapeutikum in ganz Europa. Doch als die Pharmaindustrie ins Leben gerufen wurde, verschwand der Schwarzkümmel „plötzlich" fast ausnahmslos als Arzneimittel für kranke Menschen!

Doch die heutige Wissenschaft fängt wieder erneut an über den Schwarzkümmel zu forschen und macht dabei erstaunliche Entdeckungen. So soll Schwarzkümmel laut dem Kettering Krebsforschungsinstitut in Carolina/USA signifikante, positive Auswirkungen auf das menschliche Immunsystem haben. Zudem soll es auch den Blutzucker senken und selbst hartnäckige Allergien und Hautkrankheiten heilen!

Und dies kann ich Ihnen persönlich bestätigen, da ich unter einer Hautkrankheit namens „Nesselsucht" litt, die ich dann endgültig mit der oralen Einnahme von Bio Schwarzkümmelöl (Nigella Sativa kalt gepresst –ganz wichtig!) heilen konnte. Ich nahm jeweils täglich 3mal einen halben Teelöffel dieses Öls (meist zwischen den Mahlzeiten) zu mir. Nach etwa 8 Monaten war meine Nesselsucht abgeklungen, obwohl ich mich mit dieser zuvor fast 4 Jahre rumgequält hatte!

Doch auch in der Krebsforschung gibt es unglaubliche Forschungsergebnisse: In einer Veröffentlichung „Study of Nigella Sativa on Humans", stellten amerikanische Wissenschaftler fest, das Schwarzkümmelextrakt habe eine deutliche Anti-Tumor-Wirkung! Begründet wird diese Wirksamkeit des Schwarzkümmels damit, dass die eingesetzten Schwarzkümmelauszüge die Knochenmarkszellen stimulieren, die Produktion der Immunzellen steigern und die Interferonproduktion erhöhen.

Auch gegen Asthma und allgemeine Allergien soll dieses Wundermittel helfen!

Daher meine Empfehlung, wenn Sie unter einer Schwäche des Immunsystems, Allergie, Hautkrankheit (Akne etc.), Diabetes, Müdigkeit oder Kopfschmerzen leiden, können Sie Schwarzkümmelöl wie folgt einnehmen:

Täglich 3 ½ Teelöffel zu den Mahlzeiten!

Die Wirkung sollte nach etwa 6 Monaten sichtbar werden. (Bedenken Sie, dass natürliche Heilmittel zwar länger bei der Heilung brauchen, diese dann dafür aber auch nachhaltig ist!

Wir empfehlen Ihnen ausschließlich nur kaltgepresstes Bio Schwarzkümmelöl mit der Bezeichnung „Nigella Sativa"! Sie bekommen dieses Öl in jedem gut sortierten Bioladen oder aber eben auch im Internet!

1.5. Braten Sie hierin Ihr Essen!

Auch dieses Wissen kann Ihr Leben um bis zu 30 Jahre verlängern! Wenn Sie das falsche Öl zum Braten benutzen, dann kann Ihnen das im schlimmsten Fall einen frühzeitigen Tod bescheren.

Die entscheidenden Punkte hierbei sind:

1. Das richtige Öl!
2. Der jeweilige Rauchpunkt!
3. Nicht kaltgepresst! Am besten raffiniert!

Das richtige Öl!

Viele Menschen benutzen Margarine oder kaltgepresstes Öl zum Braten, obwohl diese meist einen Rauchpunkt von etwa 160 Grad Celsius haben! Doch beim Braten von einem Steak oder anderen Fleischgerichten, wird diese Grad Zahl schnell mal überschritten. Das Öl fängt also an zu rauchen und es entstehen giftige Substanzen, die unter anderem sogar zu Krebs führen können!

Es ist daher also wichtig ein Öl zu verwenden, was nicht nur im „kalten" Zustand gesund für den Körper ist, sondern darüber hinaus auch einen hohen „Rauchpunkt" von über 200° hat.

Hier ist nun also eine Liste von den Ölen, die am besten zum Braten geeignet sind:

Arganöl   Rauchpunkt 250°

Erdnussöl   Rauchpunkt 230°

Sesamöl	Rauchpunkt 230°
Olivenöl, raffiniert!	Rauchpunkt 230°
Palmöl	Rauchpunkt 220°
Palmkernfett	Rauchpunkt 220°
Sonnenblumenöl	Rauchpunkt 220°

Hinweis: Lein-, Distel-, Walnuss- und Kürbiskernöl werden meist nur kaltgepresst angeboten und sollten daher unter keinen Umständen zum Braten benutzt werden. Zudem sollten Sie, wenn Sie die Pfanne mit dem jeweiligen Öl erhitzen, direkt daneben stehen und Ihre Finger kurz unter den Wasserhahn halten. Prüfen Sie dann ab und an, indem Sie mit Ihren Fingern die Wassertropfen in die Pfanne spritzen, um diese sich schon erhitz hat. Wenn die Wassertropfen ein „Knistern" in der Pfanne verursachen, dann stellen Sie diese auf mittlerer Hitze, um zu vermeiden, dass es zum Rauchen des Öls kommt! Wir empfehlen ausdrücklich nur Kokosöl zu verwenden, da trotz der hohen Rauchpunkte, die anderen Öle (Sonnenblumenöl etc.) im Verdacht stehen, Krebs auszulösen!

1.6. Fluorid! So schützen Sie sich und Ihre Familie!

Fluorid-Das versteckte Rattengift!

Das wohl gefährlichste Gift in Lebensmitteln ist Fluorid. Diesen Stoff findet man in Mineralwasser, Kochsalz, Milch und vor allem auch in Zahnpasta. Also was ist Fluorid genau: Fluorid ist ein biologisch nicht abbaubares Umweltgift, welches offiziell noch bis 1945 als Giftstoff klassifiziert war. 1936 schrieb die Vereinigung der amerikanischen Dentisten: *„Fluorid mit einer Konzentration von 1 ppm (Part per Million) ist genauso giftig wie Arsen und Blei."* Fluoride sind giftige, chemische Abfallprodukte der Aluminium-Stahl- und Phosphatindustrie. Fluorid sammelt sich über Jahre hinweg in unserem Körper an und kann somit zu einer schleichenden Vergiftung führen. Auch Natriumfluorid, wie es Millionen von Kindern zur Karies-Prophylaxe verordnet wird, ist ein schweres Gift, das die Glykolyse und den Zitronensäurezyklus blockiert. (naturheillexikon.de)

Wenn Sie sich nun also die Zähne mit einer fluoridhaltigen Zahnpasta putzen, (im „normalen" Verbrauchermarkt dürfte das wohl jede sein), *dann wird über Ihre Lymphbahnen der Mundschleimhaut Fluor aufgenommen und über diese dann zur Schilddrüse geführt. Dort löst es Jod aus seiner Verbindung mit Thyroxin. Es entsteht Fluorid-Thyroxin, welches dann die Schilddrüse zerstört.* (Dr. med. Walter Mauch).

„Die meisten Krankheiten sind Folgen von Störungen des Enzymsystems. Schäden durch Fluoride konnten an 24 Enzymen nachgewiesen werden." (Prof. Dr. Abderhalden)

"Fluorid verursacht häufiger und schneller Krebs, als jede andere chemische Substanz." (Dr. Dean Burk, Mitbegründer des US National Cancer Institute)

1943 schrieb das Journal der amerikanischen Ärzte-Vereinigung: *"Fluorid ist generell ein protoplasmisches Gift, welches die Durchlässigkeit der Zellmembran durch verschiedene Enzyme verändert."* Es sollte in diesem Zusammenhang klar sein, dass kein Arzt Ihre Beschwerden auf Fluorid zurückführen wird, da diese innerhalb Ihres Studiums ja in dem Glauben gelassen werden Fluorid sei nicht schädlich, sogar gut-(ich bezeichne dieses Dilemma gern als das Matrixsyndrom). Fluor bricht den Zellkern der DNA-Stränge auf und verursacht deren Reparatur. Zudem blockiert Fluor den Fett- und Eiweißstoffwechsel. Daher kommt es zu einer massiven Fettsucht. Fett-und Eiweiß werden in das Gewebe eingelagert. Doch nun möchte ich Sie hier nicht weiter mit wissenschaftlichen Studien wie Zitaten zudecken. Nachdem also klar sein sollte wie giftig Fluorid ist, sollten wir uns die genaue Geschichte des Weges dieses Stoffes von der „Gewinnung" bis hin in unseren Körper anschauen und warum man ein Interesse daran hat, dies überhaupt zuzulassen. Jetzt wird es nämlich spannend und ein weiteres Wichtiges Puzzleteil wird sich dem gesamten Bild der sogenannten „Verschwörung", hinzufügen. Es ist der selbsternannten Elite der Menschheit nämlich ein sehr großes Anliegen, diese auf circa 500 Millionen zu dezimieren. Hierzu sollte folgendes Zitat von David Rothscum aus seinem Werk „Die biochemische Manipulation der Menschheit", ziemlich interessant und aufschlussreich sein.

"Natriumfluorid reduziert auch die Anzahl der Spermien bei Männern. Gemeinden mit höherem Anteil von Fluorid im Wasser haben geringere Geburtsraten als Gemeinden mit niedrigerem Fluorid-

Anteil. *Die Anzahl der Spermien ist bei Männern in den letzten 50 Jahren um 50% gesunken."* Aber natürlich wollen wir hier keine Verbindung mit der angestrebten Agenda der globalen Faschisten und deren Entvölkerungsplan ziehen, da wir ja ansonsten verrückte „Verschwörungstheoretiker" wären und es kann sich ja hier auch nur um einen „Zufall" handeln.

Wirkung von Fluorid auf die Psyche des Menschen

Fluor schaltet langsam, aber kontinuierlich den freien Willen des Menschen aus. Dies wusste man auch schon während des kalten Krieges und benutzte diese „Taktik" in Arbeits-und Gefangenenlagern, um die Besatzung „dumm und arbeitswillig" (Stephen 1995) zu machen (man schaue sich die heutige Weltbevölkerung an). Die I.G Farben (damaliges größte Chemieunternehmen der Welt mit Sitz in Frankfurt am Main) hatte während des Krieges bereits Pläne entwickelt, die besetzten Gebiete zu fluoridieren. Fluor verursacht Schäden in einem bestimmten Teil des Gehirns (Zirbeldrüse), mit der Wirkung, dass die betroffene Person Schwierigkeiten damit hat ihren eigenen Willen für ihre freien, eigenen Bedürfnisse durchzusetzen. Darüber hinaus wächst die Bereitschaft anerkannte Autoritäten und deren Befehle zu akzeptieren. Dem Rockefeller-Bericht zu Folge, einer Dokumentation der Präsidentschaft zu den Aktivitäten der CIA, war das Medikamentenprogramm nur ein Teil eines viel größeren CIA Vorhabens, mögliche Mittel zur vollständigen Kontrolle des Menschen zu erforschen. *"Stephen" The Dickinson Statement: A Mind Boggling The sis" Nexus Magazine 1995."*

Fluorid ist eine der stärksten bekannten anti-psychotischen Substanzen. In 25% aller relevanten Beruhigungsmittel und 60% der Psychopharmaka ist Fluorid enthalten. *„Durch Injektionen, Medi-*

kamente und Chemikalien könnte die Bevölkerung möglicherweise zur Akzeptanz all dessen verleitet werden, was ihre wissenschaftlichen Meister für sie als das Beste erachten." Russell in „The Scientific Outlook" 1931.

Wie konnte man nun, nach all diesen Informationen über Fluorid, dieses trotzdem der breiten Masse als gut verkaufen? Die Antwort hierauf ist zurückzuführen auf eine gefälschte Studie, in der man herausgefunden habe-Fluorid sei „gut" für die Zähne- sprich würde Karies vorbeugen. Nun, das genaue Gegenteil ist leider Fall. Fluorid weicht den Zahnschmelz auf und macht dadurch die Zähne sogar anfälliger für Karies. Ihr Zahnarzt wird dies natürlich nicht wissen, da er ja nur als ein kleines unwissendes Zahnrad in der großen Lügenmaschinerie fungiert, dies natürlich aber unabsichtlich, da er es ja so gelernt hat. Hier haben wir es mal wieder mit dem, wie ich es nenne „Matrixsyndrom" zutun. Nun gibt es aber viele Möglichkeiten, dieses Gift zu umgehen. Natürlich können Sie sich weiterhin die Zähne putzen - mit einer fluoridfreien Zahnpasta. Diese erhalten Sie beispielsweise in Ihrer Apotheke oder auf den Internetseiten www.hausmittel-mauch.de und www.zentrum-der-gesundheit.de. Beim Wasserkonsum wird es sogar deutlich einfacher, kein Fluorid zu sich zunehmen. Denn fluoridfreies Wasser erhalten Sie auch im herkömmlichen Supermarkt. Hierzu ist es allerdings von Nöten, sich die genauen Inhaltsstoffe auf der jeweiligen Flaschenrückseite, durchzulesen und nach Fluorid zu überprüfen. Alle Inhaltsstoffe müssen hier nämlich aufgelistet sein. Ich empfehle zudem viel stilles Wasser zu trinken, da dies für den Körper einfacher ist aufzunehmen und zu „verarbeiten", als Wasser das mit Kohlensäure versetzt ist. Zudem bläht dies den Magen nur unnötig auf. Wenn Sie nach Amerika, Kanada, Australien oder Neuseeland auswandern wollen, seien Sie sich bitte bewusst, dass dort das Leitungswasser „fluoridiert" ist. Sie müssen daher einen „Zentralwasserfilter" in Ihrem Haus/Wohnung installieren lassen, um auch beim Duschen oder Händewaschen das hoch giftige Fluorid nicht aufzunehmen! Doch es gibt auch Städte, Gemeinden oder sogar Staaten in den USA, Kanada, Australien etc. die ihr Trinkwasser (Leitungswasser) nicht fluoridieren! Klicken Sie hierfür einfach auf folgenden Link, um zu sehen in welchen Städten etc. das Wasser nicht mehr fluoridiert wird!

http://fluoridealert.org/content/communities/

Anmerkung. In über 95% der westlichen Europäischen Länder wird das Leitungswasser nicht fluoridiert! Deutschland ist eines dieser Länder! Zahnpasta ohne Fluorid gibt es in den USA, Kanada oder Australien in sogenannten „Health-Shops" oder eben auch bei „Whole Foods!"

1.7. BESSER ALS ZÄHNEPUTZEN! EINE TECHNIK URALTER HOCHKULTUREN!

Eins sei jedoch vorweg erwähnt, diese Technik ersetzt das eigentliche Zähneputzen nicht, sondern macht dieses vielmehr wesentlich effektiver für:

1. Weißere Zähne!
2. Gegen Mundgeruch!
3. Gesundes Zahnfleisch!
4. Gesündere Mundflora!

Zudem erweist sich diese „geheime" Technik auch wirksam gegen:

- Müdigkeit!
- Kopfschmerzen/Migräne!
- Antriebslosigkeit!
- Depressionen!
- Unreine Haut!
- Allergien!

Die Rede ist vom sogenannten „Öl-Ziehen!" Diese Technik wurde schon im alten Ägypten von Pharaonen bis hin zu Medizinmännern praktiziert!

Wie funktioniert das Ganze:

1. Sie nehmen morgens direkt nach dem Aufstehen ein Speiseöl am besten Bio Sesam oder Kokosöl kalt gepresst (1 Esslöffel) in Ihren Mund und drücken dann das Öl gegen die Vorderzähne (den vorderen Bereich des Mundes) und

„ziehen" dann das Öl wieder zurück auf die Zunge. Nicht gurgeln!
2. Diese Prozedur wiederholen Sie bis zu 20 Minuten. Währenddessen dürfen Sie das Öl nicht schlucken!
3. Nach den 20 Minuten wird das Öl ausgespuckt (am besten in einen Mülleimer).
4. Jetzt nehmen Sie einen Becher mit Leitungswasser indem Sie drei Teelöffel Himalaya-Salz aufgelöst haben und spülen sich damit den Mund aus! Wichtig: Noch nicht damit gurgeln bis in den Schlund, sondern lediglich den Mund ausspülen. Etwa 3 bis 4 mal.
5. Danach noch einmal mit Leitungswasser nachspülen! Nicht gurgeln!
6. Jetzt fangen Sie erst an Ihre Zähne wie gewohnt mit Zahnpasta (ohne Fluorid) zu putzen.
7. Danach streifen Sie noch mit einer Zungenbürste den Belag von Ihrer Zunge. Nach jedem schaben, einmal kurz mit Wasser ausspülen! Dies wiederholen Sie dreimal!
8. Jetzt können Sie nochmals dreimal gurgeln!

Was passiert nun also im Mund beim Öl-ziehen?

Die Antwort ist ganz einfach. Wenn Sie morgens aufstehen haben Sie Mundgeruch!

Warum aber haben Sie morgens immer Mundgeruch?!

Weil während Sie schlafen Ihr Körper sein „Entgiftungsprogramm" abfährt. Während dieses „Programmes" arbeiten die Entgiftungsorgane wie Nieren oder Leber auf Hochtouren und sammeln (konzentrieren) dabei ihre Giftstoffe. Auch in Ihrem Mund wird während des Schlafs eine Anzahl von Milliarden Bakterien gesammelt!

Vor allen Dingen weil Sie im Schlaf fast gar nicht mehr Schlucken! Diese angesammelten Bakterien werden nur zu einem ganz geringen Anteil durch herkömmliches Zähneputzen herausgespült. Deswegen haben Sie auch noch Mundgeruch, wenn Sie morgens nachdem Aufstehen Ihre Zähne geputzt haben und dann auf leeren Magen zur Arbeit fahren!

Diese Bakterien gelangen dann durch Schlucken und Trinken in Ihren Körper und belasten damit Ihr Immunsystem!

Wenn Sie aber diese Milliarden Bakterien schon zu einer großen Anzahl mithilfe des Ölziehens morgens aus Ihrem Mund spülen, so wird das Immunsystem Ihres Körpers entlastet. Dieses hat dadurch dann mehr Energie um sich um andere „Baustellen" in Ihrem Körper zu kümmern. Folge: Menschen werden von langen „unheilbaren" Krankheiten wie Asthma, Allergien oder Depressionen geheilt und der ewige Mundgeruch verschwindet!

Probieren Sie es aus! Bei mir persönlich gehört das Öl-ziehen zur Morgenrutine und ich betreibe dieses Öl-ziehen jetzt schon seit 2 Jahren täglich. Seit dem habe ich keinen Mundgeruch mehr, den ich trotz allen Zähneputzen- und Mundwassers nicht loswerden konnte und als kleiner „Nebeneffekt" sind meine Zähne auch noch weißer geworden.

1.8. Warum Sie niemals masturbieren sollten!

Dies ist ein heikles Thema und wird viele der männlichen Leser im ersten Moment nicht gefallen, doch lesen Sie sich bitte diesen Abschnitt ohne Vorurteile durch und Sie können Ihr Leben um 180 Grad wenden, ja sogar ein völlig neuer Mensch werden!

Masturbieren! Das tut doch jeder oder?! Männer und Frauen! Doch masturbiert wirklich jeder? Die Antwort ist nein! Und diejenigen, die nicht masturbieren wissen auch genau warum!

Die Wahrheit ist, noch nie in der Menschheitsgeschichte wurden so viele Unwahrheiten über das Masturbieren verbreitet wie in unserer Zeit!

Masturbieren sei völlig normal, ja gar gesund. Man solle seinen Körper „kennenlernen".

Fallen Sie bitte nicht auf diese Falschinformationen, die durch verstandslose „Sozialpädagogen" „Psychiater" oder sogenannte „Aufklärer" verbreitet werden. Diese Menschen wissen nicht was sie da in Wahrheit Ihren Kindern schon in der Grundschule einreden!

Die Wahrheit ist, Masturbation ist in vielerlei Hinsicht schädlich für – Körper – Geist – und Seele!

Es gibt eigentlich nur zwei Arten um zu Masturbieren!

1. Masturbation durch äußerliche visuelle Reizquellen (Pornofilme oder Hefte, Bilder)!
2. Masturbation mithilfe von eigener Phantasie im „Kopf"!

(Die wenigsten Menschen masturbieren allein nur durch die Hilfe der physischen Stimulation – und selbst dies ist schädlich wie Sie weiter unten erfahren werden!)

Egal für welche Art der Stimulation Sie sich auch entscheiden würden, beide dargestellten Arten der Masturbation sind gleichsam schädlich für Ihren Körper und Ihr eigentliches Sexualleben! Und hier ist warum:

Ihr Gehirn wird durch Ihre ständige Wiederholung Ihrer Masturbationstechnik „umprogrammiert" (umgewöhnt!)!

Beim Masturbieren wird Dopamin im Gehirn ausgeschüttet, welches für die eigentliche Erektion und dessen Qualität der entscheidende Faktor ist. Die Erektion beginnt also im Gehirn und nicht im eigentlichen Glied des Mannes! Wenn Sie nun also Pornofilme schauen, während Sie masturbieren, dann denkt Ihr Gehirn irgendwann, das Sie Sex mit Ihrem Bildschirm haben und koppelt dabei den eigentlichen natürlichen Geschlechtsverkehr von einem physischen Wesen ab. Auch der Händedruck der während des Masturbierens auf Ihren Penis/ Vagina wirkt – ist ein anderer als die Stimulation durch eine Vagina (im Falle der Frau – die eines Penis!) Ihre Schwellkörper werden dadurch also desensibilisiert! Zudem nimmt die Dopamin Ausschüttung beim Masturbieren/ Pornoschauen kontinuierlich ab. Deshalb müssen Sie nach immer härteren Pornos schauen/ oder sich immer härtere Sexphantasien ausdenken, um den gleichen Erektionsfaktor erleben zu können. Was hier passiert ist so gefährlich, da Sie hierdurch Ihre natürliche Dopamin Produktion so aus dem Gleichgewicht bringen, das Sie im Endeffekt gar nicht mehr in der Lage sein werden, mit einer richtigen (physischen Partnerin/Partner) den Verkehr zu vollziehen (oder halt nur noch einen „Halbsteifen" bekommen!). Dieses Phänomen ist durch den heutigen Zugang zu Pornos exponentiell angestiegen. Es nennt sich „Porn-Induced Erectile Disfunction". Diese „Krankheit" gibt es in allen Ländern und unter allen Menschenrassen! Die Internetseite www.yourbrainonporn.com zeigt dies sehr deutlich! Auf dieser Seite schreiben (meistens Männer) aller Altersklassen von ihren sexuellen Problemen, die sie durch Masturbation und Pornos bekommen haben.

Zudem machen Pornos/Masturbation abhängiger als Zigaretten oder Heroin!!!

Doch Masturbieren führt nicht nur zu Erektionsstörungen und körperlicher, wie psychischer Abhängigkeit, sondern auch zu anderen erheblichen Schäden wie:

- Unreine Haut!
- Schüchternheit (vor allen Dingen gegenüber dem anderen Geschlecht!)
- Hormonhaushaltungleichgewicht!
- Verlust von allgemeiner Vitalität!
- Krumme Körperhaltung!
- Antriebslosigkeit!
- Schlafstörungen!
- Konzentrationsschwäche!
- Knabenhafter Körperbau!
- Tiefe Augenringe!
- Testosteronungleichgewicht!
- Chronische „Faulheit"!

- Emotionale Abstumpfung!
- Fehlender Selbstrespekt!
- Soziale Inkompetenz (siehe auch Sozialphobie!)
- Depressionen!

Wie kommen all diese Dinge zustande. Überlegen Sie doch bitte einmal ganz logisch: Wenn Sie (männlich) masturbieren und zu einem Samenerguss gelangen, dann wird Ihr Körper kurz vor dem Höhepunkt all seine besten Mineralien (Eiweiße etc.) bündeln und diese schießen Sie dann in Ihr Taschentuch. Wenn Sie das täglich machen, ja sogar mehrmals am Tag, dann verschwenden Sie eines der wichtigsten Ressourcen Ihres Körpers für Ihr Taschentuch, die eigentlich dazu gedacht sind, einen neuen von uns zu erschaffen. Einen neuen Menschen! Daher fühlen Sie sich auch immer so schlapp kurz danach. Viele Männer, darunter auch ich, haben beobachtet, wie nach dem Masturbieren der Oberkörper im Spiegel etwas kleiner („zusammengeschrumpft") aussieht als vorher – so wie wenn man sehr lange geschlafen hat und danach in den Spiegel schaut! Wie Sie daraus entnehmen können, habe auch ich masturbiert! Doch ich bin dieses schreckliche Laster im Alter von 24 Jahren endgültig losgeworden, nachdem ich mir all dessen Auswirkungen bewusst geworden bin!

Wie hat sich mein Leben danach geändert?!

1. Ich habe mehr als 6 Bücher, in zwei verschiedenen Sprachen, innerhalb nur weniger Monate geschrieben!
2. Ich hab mehr Energie!
3. Ich habe regelmäßig eine steinharte „Morgenlatte"!
4. Meine Erektionen sind steinhart und halten solange wie ich es will!
5. Der Sex mit meiner Ehefrau ist besser als je zuvor!
6. Tiefere Stimme!
7. Mehr Kraft beim Trainieren!
8. Fühle mich fit, auch nach wenig Schlaf!
9. Habe einen besseren Teint! (Hautbild!)
10. Ich strahle pure Vitalität und Männlichkeit aus, mit der Folge, dass Damen mir mehr Blicke schenken und andere Männer mich mehr respektieren!

Es gibt noch so viel mehr über dieses Thema zu schrieben, doch eines vorweg – wenn Sie an einer Impotenz leiden, die Sie sich eigentlich gar nicht erklären können (sprich beim Pornoschauen klappt alles – aber bei der Partnerin ist „tote Hose") dann wissen Sie jetzt endlich woran das liegt. Doch keine Sorge, diese vermeintliche „Impotenz" ist heilbar! Sie müssen einfach für einen gewissen Zeitraum (ich würde Ihnen empfehlen für immer!!!) mit dem masturbieren/Pornos aufhören und Sie werden Ihre Potenz wiedererlangen! Der Zeitraum hierfür Beträgt im Durchschnitt 3-6 Monate – in einigen Fällen kann es aber auch Jahre dauern, bis Sie Ihre volle „Manneskraft" zurückgewonnen haben! Für weitere Informationen, sowie die Erfahrungsberichte junger wie alter Männer, die ihre Potenz und Vitalität wiederherstellen konnten, nachdem sie sich der Masturbation entsagten, besuchen Sie bitte folgende Webseite http://yourbrainonporn.com/

Wie schaffe ich es mit dem masturbieren aufzuhören?

1. Brechen Sie sofort jeden Gedankengang ab, der sich um Sex dreht!
2. Öffnen Sie nie wieder eine Pornoseite!
3. Klicken Sie auf keine Bilder oder Videos mit aufreizenden Frauen!
4. Machen Sie 35 Liegestütze, wenn der „Druck" sehr stark ist!
5. Duschen Sie sich immer Kalt ab!
6. Seien Sie sich der positiven Ergebnisse dieser eisernen Disziplin bewusst!
7. Seien Sie sich bewusst, dass Sie durch diese Punkte, stärker und potenter denn je werden!
8. Halten Sie dieses Programm für mind. 3 Monate durch! Danach können Sie wieder Sex haben und Sie werden spüren, es wird der beste in Ihrem ganzen Leben sein!

„Und was ist mit meinen „Eiern" Werden die nicht platzen?!"

Antwort: Nein! Wenn Sie nicht masturbieren und zudem kein Sexleben haben, dann wird sich Ihr Körper automatisch entladen. Der Volksmund spricht hier von „feuchten Träumen", die Sie in unregelmäßigen Abständen heimsuchen werden. Dies ist der natürliche Weg des Körpers, überflüssiges Sperma „abzubauen" und für den „Ernstfall" zu proben! Solche „Träume" kommen meist 2-3mal im Monat vor, nehmen dann aber immer weiter ab!

Kapitel II. FINANZEN

2.1. GELD OHNE ARBEIT? SO GEHT'S RICHTIG UND ORTSUNABHÄNGIG!

Um Geld (ohne Arbeit) und zudem noch ortsunabhängig zu verdienen haben Sie nur zwei Möglichkeiten:

1. Online Geldverdienen!
2. Investieren!

Online Geldverdienen!

Hier haben sie auch wiederrum zwei Möglichkeiten:

1. Sie gründen Ihr eigenes Online Business!
2. Sie vertreiben Ware von anderen Unternehmen (Affiliate Marketing!)

Ihr eigenes Online Business!

Die Welt des Unternehmertums hat sich in den letzten 25 Jahren dramatisch verändert. Durch das Internet ist es nun möglich, Millionen und Milliarden von Kunden weltweit zu erreichen. Nur durch eine einzige Webseite! Kinder und andere junge Menschen mit einem offenen Verstand, Kreativität und den richtigen Ideen, werden heute zu Millionären und Milliardären, während sie noch bei „Mama" wohnen. Durch ein eigenes Online Business kann man heutzutage ein viel freieres Leben führen, als die Unternehmer vergangener Tage. Warum? Nun, ein Online Business ist nicht wirklich an einen festen „physischen" Platz gebunden! Wenn es zum Krieg kommt, einer Naturkatastrophe oder aber einer lokalen Depression, dann können Sie nicht einfach Ihre Fabrik in einen Koffer packen, um in eine sichere Zone zu ziehen. Doch die „digitalen Nomaden" tun genau dies! Sie nehmen einfach ihren Laptop und gehen! Des Weiteren kann die Gründung eines Online Business erheblich günstiger sein, als die eines „traditionellen" Gewerbes. In den meisten Fällen benötigen Sie nicht einmal richtige Angestellte, geschweige denn ein Büro und können somit richtig Geld sparen! Besonders dann, wenn Sie „virtuelle" Ware verkaufen, benötigen Sie eigentlich nur eine Webseite. Dann sind Sie wirklich, wie ich es nenne, ein „freier Mensch". Eine Person die (viel) Geld verdient, egal ob sie schläft, isst, auf Reisen ist, oder sich um die Lieben kümmert. Dies ist das Geschäft des 21. Jahrhundert! Mit den richtigen Vorbereitungen ist es möglich ein Online Business zu gründen sodass:

- Sie an keinen physischen Ort gebunden sind!
- Sie keine Angestellten benötigen!
- Sie keine Büroräume benötigen!
- Sie mehrere passive Einkommensquellen generieren können!
- Sie jedes Jahr Millionen verdienen können, nur durch Ihre Webseite!
- Sie „0" % Steuern zahlen!

Wenn Sie so ein ortsunabhängiges Onlinebusiness erst einmal aufgebaut haben, dann können Sie auch ohne Arbeit und ortsunabhängig Geld verdienen, doch Sie ahnen es schon, der Aufbau einer solchen Goldgrube geht eben nicht ganz ohne Aufwand, Geld und Fleiß (Arbeit!) einher. Erst ab einem bestimmten Punkt kann man das aufgebaute Geschäft für sich arbeiten lassen und einfach darauf warten, dass die Einnahmen hereinkommen. Dies erfordert aber eine hervorragende Vertriebsstruktur! Auch die Erstellung eigener Produkte (am besten eignen sich E-Books für ein passives Einkommen) fallen nicht einfach vom Himmel. Man braucht ein Thema, Inhalt, Wert und Marketing, um sich eine passive Einkommensquelle durch ein E-Book aufbauen zu können. Das bedeutet also erst einmal doch sehr viel Arbeit. Der Vorteil hierbei ist jedoch, dass Sie nach einmaligem Aufwand (Erstellung des E-Books) unbegrenzt Geld verdienen können. Ihre E-Books werden automatisiert verkauft, d.h. Ihre E-Books können 24 Stunden 7 Tage die Woche verkauft werden, ohne jedes Zutun von Ihnen. Das nennt sich dann ein passives Einkommen!

Sie vertreiben Ware von anderen Unternehmen (Affiliate Marketing!)

Nun dieser Schritt ist für Leute die:

1. Keine Idee für ein eigenes Produkt haben!
2. Keine Zeit oder Lust haben, ein eigenes Produkt zu erstellen!
3. Den Aufwand, die Investitionen und das Risiko scheuen, ein eigenes Unternehmen zu gründen!
4. Und trotzdem von Zuhause aus (ortsunabhängig) Geld verdienen wollen!

Das Zauberwort hierfür lautet: Affiliate Marketing! Das bedeutet nichts anderes, als das Sie einfach Produkte von anderen bewerben und dafür eine Provision erhalten. Solche Partnerprogramme (Joint Ventures) gibt es in jeder Sparte, jedem Themengebiet und fast bei jedem Anbieter! Ich würde hierfür beispielsweise Digistore24 empfehlen. Dort können Sie sich E-Books und andere Digitale Produkte raussuchen, die Sie dann aktiv bewerben wollen (durch Blogs, You Tube, Salesletter, Salesvideos, Facebook, Intragramm etc.) Oder Amazon: Hier können Sie auch physische Produkte bewerben (wie beispielsweise Kameras) und so eine wesentlich höhere Provision erhalten!

Wenn Sie jedoch in einen neuen Markt reinwollen, mit möglichst wenig Konkurrenz und exzellente Produkte und Dienstleistungen vertreiben wollen, ohne jedoch dabei selber diese erstellen zu müssen, dann *besuchen Sie meine Webseite www.goldfingerreport.com*und melden Sie sich dort kostenlos bei unseren eigenen Partnerprogramm an („Affiliates")! Fleißige Partner von uns bringen es auf 4 bis 5 stellige Monatseinnahmen!

Investieren!

Investieren ist immer noch die beste, sicherste und einfachste Möglichkeit, um ohne Arbeit ein reiches Leben im Luxus führen zu können. Nehmen Sie einmal die Börsenlegende Andre Kostolany als Beispiel, dieser hat ganz offen und ungeniert in seinem Bestseller „Geld und Börse" zugegeben, er habe in seinem ganzen Leben nicht einen Tag arbeiten müssen! Zu Info: Dieser Mann wurde 93 Jahre alt und verstarb als Multi-Millionär! (Auch wenn er in seinem

Leben mehr als einmal pleite war! – doch dies hatte mit seiner Art der Spekulation zu tun!)

Nehmen Sie die reichsten Menschen dieser Erde! Sind diese Erfinder, Politiker, Sportler, Schauspieler, Wissenschaftler oder Harte Arbeiter? Nein, Sie sind allesamt Spekulanten oder auch Investoren!!!!

Es gibt nur 2 Arten von Investoren:

1. Der Kapitalgewinn Investor
und
2. Der Kapitalfluss Investor

Ebene 1. Investieren für Profite

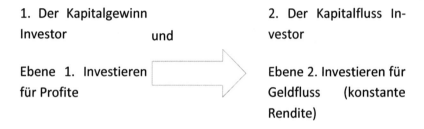

Ebene 2. Investieren für Geldfluss (konstante Rendite)

Es ist nur möglich ein Cash Flow Investor (Stufe 2.) zu werden, wenn Sie "wohlhabend" sind. Egal was Ihnen andere "Experten" aus diesem Feld sagen. Warum? Nun Sie benötigen Tausende, wenn nicht gar Millionen um diese in solch einer Weise zu investieren, dass Sie a.) Ihren bis dato hohen Lebensstandard halten können b.) mehrere Quellen passiven Einkommens generieren können und c.) gleichzeitig noch diversifiziert sind.

Dies ist nur möglich, wenn Sie mindestens 1 Million Euro "freies" Geld zur Verfügung haben. Und um diesen Zustand herbeizuführen, liegt unserer Meinung nach nichts näher, als sich der internationalen Börsen und Derivate zu bedienen. Auch wenn diese im 21. Jahrhundert immer mehr und mehr zu einem "Schneeballsystem" verkommen sind. Speziell der Derivatemarkt. Dennoch teilen wir die Ansichten vieler Investoren, speziell die des Investors Robert

Kiyosaki (wir schätzen diesen Mann sehr) nicht, wenn diese der Meinung sind, man solle sofort anfangen "Cash Flow" Investor zu werden. Dies ist ohne Hilfe von Schulden nicht möglich. Punkt! Denn diese Herren befinden sich nun mal schon auf der Ebene 2. und haben alle Mittel, um Millionen und auch Schulden so nutzen zu können, dass Sie davon auf sehr hohem Niveau leben können.

Wenn Sie nun also nicht schon über mehrere Millionen frei verfügen, dann befinden Sie sich auf der Ebene 1. Hierbei geht es nur darum kurzfristig, extrem hohe Kapitalgewinne zu erwirtschaften, um mithilfe dieser Methode aufgrund von signifikanten Gewinnen, irgendwann auf die zweite Ebene des Rendite-orientierten Investors wechseln zu können. Dies ist der einzige sichere und auch seriöse Weg, um wirklich nachhaltige Investments aufbauen zu können, die einen wirklich hohen Lebensstandard mühelos unterhalten können.

„Wie und in Was soll ich jetzt also investieren?!"

Nun Sie haben jetzt zwei Möglichkeiten:

1. Sie abonnieren unseren Börsenbrief *Der Goldfinger Report™*
2. Sie kaufen unsere Hauptstrategien als Buch *(„Kein Geld? Selber schuld!")* und suchen sich Ihre Investments selber heraus!

Hinweis: Falls Sie ein Neuling sind würde ich Ihnen ersteres empfehlen, da auch wenn unser *Börsenbrief* vermeintlich teurer ist als unser *E-Book* Ratgeber, Sie damit auf lange Sicht nicht nur Tausende Euros sparen werden (die Sie als Anfänger sonst zu 100% verlieren werden!) sondern auch Tausende Euros verdienen werden.

Viele unserer Abonnenten konnten schon nach wenigen Investitionen aufhören zu arbeiten und sind nun „Vollzeitspekulanten!", was sie uns in zahlreichen Emails mitgeteilt hatten!

2.2. OECD-Abkommen! Wo kann ich mein Geld noch verstecken?!

UPDATE: Achtung: Aufgrund des weltweiten OECD Abkommens (automatischer Informationsaustausch) sind so gut wie alle Banken weltweit dazu verpflichtet, mithilfe eines automatischen Informationsaustausch, den jeweiligen Finanzbehörden Meldung über Kundeneinlagen
zu erstatten!

Welche Konten sind hierbei betroffen?
1. Privatkonten im Ausland!
2. Weltweit* Bankkonten von Stiftungen, Trusts und ähnliche Gebilde!
3. Gesellschaftskonten und Geschäftskonten innerhalb und außerhalb der EU!

Vorweg sei noch erwähnt, dass der anstehende Informationsaustausch nicht von den jeweiligen
Staaten und auch nicht von Firmen oder Handelsregistern erfüllt wird! Er findet somit auch
unabhängig davon statt, ob Sie sich ggf. durch Treuhänder vertreten lassen oder selbst als Inhaber und
oder Director einer Gesellschaft haben eintragen lassen!
Um es also nochmals in kurzen Worten zu beschreiben: Es geht um den automatischen Austausch von
Informationen zwischen Ihrem Bankhaus und den für Sie zuständigen Finanzbehörden!
Was kann ich tun?
Ausnahme: Das jeweilige Firmen- bzw. Geschäftskonto wurde noch vor dem 31. Dezember 2015
eröffnet und Kontoguthaben / der Kontenwert übersteigt zum 01.01. eines jeden der darauf

folgenden Jahre nicht den Stand von USD 250,000.00. Diese Firmen- und Gesellschaftskonten bleiben
auch nach Januar 2016 von der Meldepflicht ausgenommen!

Modell Nr. 2
Wenn Sie diesen Text nach dem 31.12.2015 lesen, dann haben Sie trotzdem noch eine Möglichkeit,
um ein anonymes Bankkonto auf „Übersee" zu errichten! Die Cook Inseln!
Die Cook Inseln (Cook Islands) sind ein unabhängiger Inselstaat in „freier Assoziierung mit
Neuseeland" und eine Inselgruppe im südlichen Pazifik! Hier legt man noch Wert auf ein
Bankgeheimnis!
Eröffnen Sie also einfach eine I.B.C (International Business Company) auf den Seychellen, Belize oder
Panama und eröffnen Sie dann Ihr Geschäftskonto auf den Cook Inseln! Die durchschnittliche
Ersteinlage zur Aktivierung eines solchen Bankkontos (Cook Inseln), liegt bei nur 1000$. Also wirklich
noch bezahlbar!
Begeben Sie sich also einfach ins Internet und suchen Sie nach einen geeigneten Offhore
Provider/Operator der Ihren Wünschen gerecht wird und Sie ausführlich beraten kann!
Sie können so Ihre Firma + Konto ganz bequem via Email von Zuhause aus eröffnen!
(*Aus dem Buch: „Kein Geld? Selber schuld!"*)

Wie es nun aber zu erwarten ist, werden sich auch die Cook Island in absehbarer Zeit den Bestimmungen der OECD unterwerfen! Wir raten daher nun verstärkt unseren Europäischen Kunden eine LLC

in Delaware mit dazugehörigem Geschäftskonto in den USA zu gründen, da die USA als einziges Land der Erde vom OECD-Abkommen frei gestellt sind!!! Dies wird auch noch lange so bleiben, es sein denn die USA hätte kein Militär mehr! Dies halten wir für nicht sehr wahrscheinlich!!!
Hier ist ein guter Offshore –Provider den wir empfehlen:
https://www.offshore-firma-online.com/delaware-llc/

Eine andere Methode wäre der Umzug in die Vereinigten Staaten in eines der 5 folgenden Bundesstaaten: South Dakota, Texas, Nevada, Washington oder Wyoming. In diesen 5 Bundesstaaten werden Profitorientierte Unternehmen nicht besteuert.

P.S. In Florida zahlen Sie keine Einkommensteuer und nur eine ganz geringe „Corporate-tax" von etwa 5% bis 9% auf Ihre Firmeneinnahmen und wenn Sie ein „Einmannbetrieb" gründen (LLC, S Corporation, Partner Ship, Sole Proprietorship) und Ihre Firmeneinnahmen durch Ihr Business direkt an Sie gehen, dann zahlen Sie 0%!

2.3. Wo man keine Steuern zahlt, unter Palmen lebt und Englisch spricht!

Nun, einen Staat hatte ich jetzt schon erwähnt: Florida! Der zweite Staat ist Texas! Es gibt für beide Staaten Vor- und Nachteile, die wir hier nun beleuchten wollen.

Steuern: Um es kurz zu machen, Steuern sind in diesem beiden Staaten eigentlich ein Fremdwort. Wenn Sie ein Angestellter sind, dann zahlen Sie in beiden Staaten keine Einkommenssteuer! Zudem gibt es auch in Texas keine Corporate Tax! Unternehmen werden in Texas also grundsätzlich nicht besteuert! In Florida gibt es zwar eine Steuer für Unternehmen, aber nicht wenn Sie eine

- LLC
- S Corporation
- Partner Ship
- Sole Proprietorship

gründen und sich Ihre Einnahmen als „Gehalt" an sich selber auszahlen lassen! Dann fallen diese Einnahmen unter die befreite Einkommenssteuer und Sie zahlen 0% Steuern!

Wohnen:

Florida:

Die Häuser in Florida sind recht erschwinglich ab 180.000$ bekommt man hier schon einiges geboten! 4 Schlafzimmer, Pool, große Küche, Garage für mind. 2 Autos und meistens ein riesen Wohnzimmer! Ab 350.000$ kann man schon ein Häuschen in einer

„Gated Community" erwerben. Hier muss man erst an einem bewaffneten Pförtner vorbei, um überhaupt in Ihre Siedlung gelangen zu können. Hier wohnen die ganzen Geschäftsleute, Rentner und Weißjuden! Die Häuser in der ersten Reihe am Strand liegen dann wiederrum im Millionenbereich (1.200.000$ und aufwärts!) Nachteil: Ghettos und gute Wohnsiedlungen liegen meist sehr dicht aneinander! Meist nur einige Blocks! Es empfehlen sich in Florida daher „Gated Communities"!

Texas:
Die Häuserpreise in Texas sind sehr ähnlich wie in Florida. Doch hier gibt es auch schon Häuser in Gated Communities ab 185.000$ (Bungalow)
Der Vorteil: Ghettos liegen sehr weit außerhalb der „weißen Siedlungen!"

Wetter/Hitze:

Florida:

Das Wetter in Florida ist ganzjährig warm! Doch regnet es durchschnittlich an 40% aller Tage im Jahr, wenn auch nur kurz!

In Texas herrscht mehr Dürre, eher Wüstenklima – aber gefühlt sogar manchmal noch kühler als in Florida! Das Problem sind die Wirbelstürme! In Florida treten diese noch stärker auf, als in Texas. Doch auch in Texas gibt es Tornados die häufig im Norden Texas auftreten.

Bevölkerung/Kultur:

In Florida gibt es sehr viele alte (weiße) Menschen, da es sich hierbei um Rentner handelt die aus den Nord- und Südstaaten nach Florida ziehen, um dort ihren Lebensabend zu verbringen! Doch auch viele jüngere Familien suchen ihr Glück in Florida aufgrund des guten Wetters. Sie finden dort also größtenteils offene Gemeinden vor, die sich nicht vor Nichteinheimischen verschließen, da diese größtenteils ja selbst gar nicht aus Florida stammen. In Texas ist es schon fast umgekehrt. Hier ist man sehr stolz auf seine „Texanische" Herkunft und so kommen Außenseiter nur sehr schwerlich in die richtig eingefleischten Gemeinden herein. Doch für offene Menschen die sich dort anpassen wollen, wird auch das kein Problem darstellen!

Ein weiterer Faktor ist, dass das Leben in Florida sehr viel entspannter zugeht als in Texas oder beispielsweise in Kalifornien. In Florida haben die Leute Zeit, schlafen lange aus und cruisen gemütlich durch die Stadt! In Texas hingegen liegt der Fokus mehr auf dem schnellen Geld, was dann auch deutlich zu spüren ist.

Ethnien:

In Florida wie Texas sind die Ethnien sehr gemischt!
Florida hat 19.600.311 Einwohner (Stand 2013), davon sind 78,1 % Weiße, 16,7 % Schwarze und/oder Afroamerikaner, 2,7 % Asiatische Amerikaner, 0,5 % Indianer, 0,1 % Hawaiianer und/oder Pazifische Insulaner sowie 1,9 % Sonstige. Unabhängig von ihrer Rasse sind 23,6 % der Bevölkerung Hispanics oder Latinos. Seit 2014 ist Florida der drittbevölkerungsreichste Bundesstaat der Vereinigten Staaten!

Texas hatte 2006 nach einer Schätzung des United States Census Bureau 23.507.783 Einwohner (Stand: 1. Juli 2006), davon 69,8 % Weiße, 11,6 % Afroamerikaner, 3,3 % Asiaten, 0,5 % Indianer, 0,1 % Hawaiianer oder von anderen Pazifikinseln stammend. 13,0 % gehörten einer anderen Gruppe an, 1,8 % zwei oder mehr Gruppen. 35,7 % der Gesamtbevölkerung sind Hispanics. 2010 stellten die Minderheiten 50,2 % der Bevölkerung. Texas gilt somit als Majority-Minority-State.
Hinweis: Interessanterweise sind 11,5% der Einwohner deutscher Herkunft!

Umwelt:

Florida ist kein Industrie Staat. Hier gibt es kaum Fabriken und auf der anderen Seite, sehr viel Naturschutzgebiet! Texas hingegen ist der größte Treibhausgasproduzent in ganz Amerika! Dies sollten Sie also berücksichtigen. Zudem sind die Strände in Florida die schönsten und weißesten in ganz Amerika. Die Wassertemperatur dort ist perfekt und bis in die Abendstunden angenehm warm! Auch treffen Sie direkt an den Strandgebieten meist mehr auf weiße Menschen, was wiederrum weniger Kriminalität mit sich bringt!

2.4. Wo kann man noch gut leben, arbeiten mit wenig Steuern? Hier geht's!

Ich bewerte die Lebensqualität eines Aufenthaltsortes nach ganz bestimmten Kriterien, die nur eingeweihte Personen vornehmen:

1. Das Grundwasser/Leitungswasser darf nicht fluoridiert sein!
2. Es muss dort Whole Foods oder Koscher Supermärkte geben!
3. Die Weißen müssen dort in der Überzahl sein – mindestens 89%!!!
4. Es darf keine hohe Kriminalität herrschen (siehe auch Punkt 3.)
5. Es sollten, wenn möglich, dort keine Naturkatastrophen vorherrschen!
6. Das Klima sollte vorteilhaft sein! (Mildes Klima!)
7. Homeschooling muss erlaubt sein, um so der Indoktrinierung der eigenen Kinder entgegenzuwirken!
8. Die Steuern für Angestellte, vor allen aber für Unternehmer dürfen nicht mehr als 13% betragen!
9. Der Aufenthaltsort sollte am besten außerhalb Europas liegen (oder eben nicht im Herzen Europas) – siehe 3. Weltkrieg und Bürgerkrieg!

Wenn man also nach all diesen Gesichtspunkten geht, kommen folgende Länder/Staaten/Städte in Frage!

Australien:

Vorteile:

- Dünn besiedelt!
- Amtssprache Englisch!
- Whole Foods
- Weit weg von Europa! (siehe 3. Weltkrieg!)
- Abgesehen von Waldbränden, wenig Naturkatastrophen!
- Größtenteils Weiße Bevölkerung (abgesehen von den immer stärker wachsenden Asiaten)
- Warmes Klima!!!
- Große Moderne Städte
- Gut bezahlte Jobs! (3 mal höher als in Deutschland!)
- Homeschooling ist erlaubt!

Nachteile:

- Spinnen, Schlangen und anderes Horrorgetier!
- Fluoridiertes Wasser (es gibt aber auch Gebiete ohne Fluorid siehe: http://fluoridealert.org/content/communities/
- Autofahren auf der linken Seite (Rechtslenker Autos!)
- Relativ hohe Steuersätze!
- Sehr isoliert vom Rest der Welt (was in heutiger Zeit auch Vorteil sein kann)

Kanada:

Vorteile:

- Größtenteils Weiße Bevölkerung!
- So gut wie keine Naturkatastrophen!
- Whole Foods!
- Dünn besiedelt!
- Viel Natur!
- Gute Luft!
- Viel Europäische Kultur!
- Homeschooling ist erlaubt!
- Relativ niedrige Steuern!
- Benzin ist um ein vielfaches günstiger als in Europa!

Nachteile:

- Größtenteils kaltes Klima mit sehr langen und harten Wintern!
- Immer weiter wachsende Zahl von Arabern! (Toronto/Ontario)
- Sehr links eingestellte weiße Bevölkerung!
- Leitungswasser wird größtenteils fluoridiert!

Ich würde folgende Städte in Kanada empfehlen:

Stadt/Ort	Bevölkerung	Fluoridfrei seit
Orillia, Ontario, Canada	30,300	July 17, 2012
Windsor, Ontario, Canada	279,000	January 28, 2013
Saint John, New Brunswick, CA	76,550	March 11, 2014

Muskoka, Ontario, Canada	58,000	October 21, 2013
Huntsville, Ontario, Canada	19,100	January 2014

Anmerkung: Es gibt bis dato noch keine Städte/Orte in Kanada die nicht fluoridiert sind und gleichzeitig einen Whole Foods Store haben! Doch Windsor (Ontario) sollte mehrere Koscher-Läden vorweisen können!

USA!

Vorteile:

- Viele Staaten/Städte mit großem weißen Bevölkerungsanteil!
- Whole Foods und Koscher Läden satt!
- Englischsprachig!
- Schönsten Strände der Welt!
- Verschiedenste Klimazonen von mediterran bis kalte Regionen!
- Von viel bis keine Steuern! (Florida, South Dakota, Texas, Nevada, Washington, Wyoming)
- Benzin ist um ein vielfaches günstiger als in Europa!
- Homeschooling ist erlaubt!

Nachteile:

- Fluoridiertes Leistungswasser (Ausnahmen siehe bitte: http://fluoridealert.org/content/communities/

- Wachsender Polizeistaat
- Teilweise sehr kriminelle Gegenden!

Mein Tipp: Für Florida würde ich folgende Städte empfehlen:

Stadt/Ort	Bevölkerung	Fluoridfrei seit
Palatka, Florida	10,482	May 14, 2015
Boynton Beach, Florida	71,100	January 2015
Hernando County, Florida	173,422	February 26, 2014
Wellington, Florida	58,679	January 28, 2014
Milton, Florida	7,000	November 2012
Martin County, Florida	147,495	December 19, 2006
Boca Raton, Florida	85,329 (as of 2011)	October 25, 1999
Largo, Florida	77,723 (as of 2011)	July 15, 1997
Clearwater, Florida	107,784 (as of 2011)	July 15, 1997
North Redington Beach, Florida	1,418 (as of 2011)	July 15, 1997
Winter Springs, Florida	33,468 (as of 2011)	January 10, 1996
Pasco, Florida	466,457 (as of 2011)	December 14, 1995

Hinweis Die grün markierten Städte verfügen über einen Whole Foods Laden!

Einziger Nachteil: Die relativ hohe Hurricane und Tornado-Gefahr!

Für Texas würde ich folgende Städte empfehlen:

Stadt/Ort	Bevölkerung	Fluoridfrei seit
San Marcos, Texas	44,894	November 3, 2015
College Station, Texas	100,000	September 22, 2011
Lago Vista, Texas	6,500	April 21, 2011
Alamo Heights, Texas	7,470	September 8, 2008
Elgin City Council, Texas	8,262	November 2007

Hinweis Wie Sie unschwer erkennen können, habe ich hier keine Städte grün markiert, da bis dato in keinem dieser Orte in Texas ein Whole Foods existiert!

Neuseeland:

Vorteile:

- Englischsprachig!
- Dünn besiedelt!
- Größtenteils weiße Bevölkerung!
- Optimales Klima (nicht zu warm – nicht zu kalt!)
- Außerhalb Europas (siehe Dritter Weltkrieg)

- Keine großen Naturkatastrophen!
- Kein giftiges Getier wie in Australien!
- Homeschooling ist erlaubt!
- Sehr isoliert vom Rest der Welt!

Nachteile:

- Fluoridiertes Leitungswasser! Mit Ausnahmen siehe: http://fluoridealert.org/content/communities/
- Fahren auf der linken Seite (Rechtslenker)
- Hohe Steuern!
- Sehr gefährlich! (siehe Hinweis)

Hinweis: Auf den ersten Blick scheint Neuseeland das perfekte Land zu sein. Gutes Wetter, keine Naturkatastrophen und „nette" Leute, doch lassen Sie sich bitte davon nicht täuschen. Nach längeren, intensiven Recherchen bin ich auf folgende Seite gestoßen:

https://newzeelend.wordpress.com/emigrating-to-nz/

Oder wussten Sie etwa das Neuseeland das Land mit der höchsten Vergewaltigungsrate (laut Webseite) auf der Welt ist? Das die Lebensmittelhygiene eines der schlechtesten auf der Welt ist – speziell das Fleisch dort. Das sich dort große Ringe von Pädophilen aufhalten, die auch in der Regierung sitzen und die Vorfälle vertuschen. Das nicht ein Tag, ja gar eine Stunde in Neuseeland vergeht, in der nicht ein toter Körper irgendwo gefunden wird. (Meist handelt es sich hier um getötete Menschen!)

Das dort auch am helllichtem Tage auf offener Straße vergewaltigt wird. Dass es dort zahlreiche kriminelle Straßengangs gibt! Das dort mehr Menschen auswandern als einwandern! (Ja man muss gar sagen –fliehen!)

Nun, ich persönlich halte diese Quellen und Aussagen für sehr realistisch, da die globale Wahrnehmung Neuseelands die eines Utopias gleicht, was die Straftaten dort erst möglich macht (siehe Vergewaltigungen von jungen Touristinnen!)

Zudem ist es sehr schwer in Neuseeland Arbeit zu finden, die weiße Bevölkerung ist extrem „linksversifft" und die Lebensunterhaltskosten sind extrem hoch.

Europa:

Schweiz:

Vorteile:

- Geringe Steuern!
- Keine Naturkatastrophen!
- Gebietsweise sogar mediterranes Klima!
- Größtenteils Deutschsprachig!
- Homeschooling ist erlaubt!
- Gute Infrastruktur!
- Schöne Landschaften!
- Gute Luft!
- Gehört nicht zur EU!

Nachteile:

- Immer weiter wachsende Zahl von kriminellen Migranten!
- Größtenteils fluoridiertes Leitungswasser!
- Liegt inmitten Europas (Siehe 3.Weltkrieg!)

Monaco/Frankreich

Vorteile:

- (ganzjährig!) Hervorragendes Klima!
- Keine Naturkatastrophen!
- Sicherster Staat der Welt! Praktisch keine Kriminalität!
- Keine Steuern für Privatpersonen und Einnahmen außerhalb Monacos!
- Gehört nicht zur EU!
- Gute Luft, dank Meeresbrise!
- Homeschooling erlaubt!
- Leitungswasser nicht fluoridiert!

Nachteile:

- Mind. 800.000€ Immobilie oder Geldhinterlegung bei einer monegassischen Bank erforderlich, um dort als Resident anerkannt zu werden (siehe Steuerfreiheit!)
- Sehr klein 202ha!
- Snob-Gesellschaft!
- Wohnraum ist knapp und teuer!

Marbella, Spanien!

Vorteile:

- Ganzjährig hervorragendes Klima!
- Keine Naturkatastrophen!
- Relativ geringe Steuern!
- Gutes Essen!
- Dank EU-Mitgliedschaft sehr einfach dort eine Aufenthaltsgenehmigung zu bekommen!
- Kein Fluoridiertes Leitungswasser!
- Homeschooling ist erlaubt!

Nachteile:

- Kriminelle Drogenbarons halten sich dort auf (inklusive deren Handlanger!)
- Spanischkenntnisse erforderlich! (Gut wenn man will kann man sich mit Englisch überall durchschlagen!)
- Relativ teure Lebensunterhaltungskosten (Essen, Benzin etc.)

Benidorm/Spanien:

Vorteile:

- Ganzjährig warm!
- Keine Naturkatastrophen!
- Saubere Strände!

- Das Manhattan Europas! (Größte Hochhausdichte der Welt!) Kann aber auch als Nachteil angesehen werden!
- Kein Fluoridiertes Leitungswasser!
- Massenhaft Unterhaltungsmöglichkeiten!
- Viel Deutsch und Englischsprechendes Personal!
- Homeschooling ist erlaubt
- Wohnraum recht günstig!

Nachteile:

- Massentourismus! 24/7!!!
- Viele besoffene Engländer!
- Blitzentführungen von Touristen gegen Lösegeld (ist aber schon weniger geworden!!!)
- Kein Ort für Menschen die Ruhe brauchen!

Zypern:

Vorteile:

- Bestes Klima, das ganze Jahr über!
- Keine Steuern bei Non-Dom Status!!!
- Kein Fluoridiertes Leitungswasser!

Nachteile:

- Kein Whole foods!
- Flüchtlinge die dort stranden! (Aber nicht lange bleiben!!!)
- Sprachbarrieren!

Fazit: Sie sehen also, den perfekten Wohnort gibt es auf dieser Welt leider nicht! Es gibt immer Vor- und Nachteile – und diese sind teilweise auch noch individuell. So rate ich Ihnen, die besten Orte die Ihnen gefallen, vorerst selbst zu besuchen, um sich dort ein richtiges Bild zu verschaffen, bevor Sie dort hinziehen!

Update: Nach langem Recherchieren wurde mir bewusst, dass es ein „Land" gibt in dem wirklich „Milch und Honig" fließen. Es ist kein Land sondern vielmehr eine Insel, die zu der Inselgruppe der Kanaren gehört. Teneriffa! Meiner Meinung nach ist diese Insel der beste Wohnort für die nächsten 100 Jahre und dies hat folgende Gründe:

Vorteile:

- Mildes Klima auf der Südseite (das ganze Jahr über)
- Für mehr klimatische Abwechslung einfach auf die Nordseite der Insel gehen!
- Aloe Vera Pflanzen wachsen dort wie „Unkraut" und weisen zudem die höchste Konzentration an heilsamen Wirkstoffen auf!
- Immobilien sind noch recht erschwinglich!
- Super Infrastruktur!
- Deutsche Ärzte auf der Insel!
- Sehr viele Freizeitmöglichkeiten (Wasserparks, Paragleiten etc.)
- Wunderschöne Landschaften Berge, Wälder, Strände
- Sehr gute, einheimische Küche!
- Man zahlt hier mit €!
- Gehört zur EU, heißt für Sie – keine Probleme bei der Immigration!

- Teneriffa wird von der EU subventioniert! Heißt für Sie: Spritpreise von denen man in Europa nur träumen kann!
- Homeschooling ist dort erlaubt, da kein Schulzwang besteht!
- Fast 100% weise Bevölkerung!
- Daher auch sehr niedrige Kriminalität!
- Liegt außerhalb Europas (siehe 3. Weltkrieg/Bürgerkrieg).

Nachteile:

- Sprache Spanisch.
- Nicht ganz so große Auswahl an Bio-Produkten wie in Deutschland.
- Falls Sie auf Arbeit angewiesen sind: Nur sehr wenig Arbeitsplätze, die verständlicherweise auch in erster Linie an Einheimische vergeben werden!
- Relativ hohe Steuersätze, bis zu 45%!

Mein Fazit: Teneriffa erfüllt bis auf die Sprache und die teilweise hohen Steuersätze all meine sonstigen Kriterien. Ich halte daher Teneriffa für den sichersten Wohnort der Welt (für weiße Menschen!).

2.5. So schützen Sie Ihr Kapital vor Inflation, Währungscrash oder Staatspleite!

Dieser „Trick" ist so alt wie die menschliche Zivilisation selbst! Doch dank unseren Indoktrinierungsanstalten (auch genannt Schulen und Universitäten) und den Massenmedien, wurde der westlichen Bevölkerung dieser simple „Trick" oder besser gesagt, diese fundamentale Wahrheit über die Ökonomie ausgeredet. Die Rede ist von Gold u. Silber!!!

In Haggai 2,8 sagt Gott: *„Mein ist das Silber, und mein ist das Gold, spricht der HERR der Heerscharen"*. Immer wieder geht aus den diversen Bibelstellen hervor, dass Silber und Gold in Gottes Augen wahre und unvergängliche materielle Werte sind, auch in kommenden wirtschaftlich schwierigen Zeiten. Dieses „Gott-Geld" hat über Jahrtausende seinen wahren Wert bewiesen. Unser Papiergeld hingegen nicht.

Das Problem der meisten Menschen im Westen ist, das sie nicht wirklich Wissen was „Geld" eigentlich ist!

Was ist Geld?

Um diese Frage beantworten zu können, müssen Sie die Unterschiede zwischen Geld und einer Währung kennen. Gold und Silber sind Geld, denn es sind beides seltene Materialien + es erfordert Zeit und Arbeit diese zu fördern und „herzustellen" (in Münzen oder Barren). Des Weiteren sind diese beiden Materialien „wetterfest" und können so den Wert von Gütern und Dienstleistungen durch alle Zeiten hindurch transportieren. Der wichtigste Aspekt jedoch ist – beide Materialien sind limitiert. Das ist auch der entscheidende Grund, warum damals so gut wie alle hoch entwickelten Gesellschaften in der Menschheitsgeschichte Gold, Silber oder auch Kupfer als Zahlungsmittel in ihren Wirtschaften verwendeten.

Eine Währung ist ein „legales" Zahlungsmittel für Güter und Dienstleistungen innerhalb eines Staates oder mehrerer Länder. Der Wert dieser Währung hängt allein von dem Vertrauen ab, dass die Menschen in diese haben (wenn die besagte Währung keinen realen Gegenwert hat/also nicht gedeckt ist – wie alle Währungen die wir heute haben). Eine „fiat" (lat. *„es entstehe"*) Währung kann so oft gedruckt werden, wie es die Geldkontrolleure wünschen. Allein durch diesen Umstand entstehen Inflation und Deflation, da die „Bankster" die Geldmenge kontrollieren, sprich regulieren. Mithilfe dieses Mechanismus kann die Elite, die die Zentralbanken der westlichen Welt vollständig kontrolliert (FED, EZB, BIZ), die wahren Reichtümer der Menschen stehlen wie Häuser, Autos, Land und andere Sachwerte, indem sie die jeweilige Währung entwerten durch Inflation (exzessives Gelddrucken) und die Menschen gezwungen sind ihre Sachwerte zu verkaufen, oder durch „crashen" der Wirtschaft indem die Bankster die Geldmenge stark verringern (reduzieren der Kredite) um anschließend alles und jeden aufzukaufen (Deflation!). Das ist der wahre Grund warum wir weltweit kein gedecktes Geldsystem mehr haben. Wir leben in einem pyramidenförmigen Machtsystem – die Masse arbeitet für die Klasse und die Banknoten in Ihrer Tasche haben nur den einzigen Zweck Ihren wahren Reichtum zu stehlen – Ihre Zeit und Energie! Der Investor und Buchautor Robert Kiyosaki (Rich Dad, poor Dad) sagte einmal: „Cash is trash!" Nun, er hat Recht. Aber mit diesem Wissen im Hinterkopf können und müssen Sie Ihre Beziehung zum Papiergeld ändern. Sie müssen es ausschließlich als Mittel nutzen, um mithilfe von Investments noch mehr Reichtum zu generieren – niemals um Ihren Reichtum zu sichern. Wenn Sie dieser einfachen Regel folgen, werden Sie zu den „Gewinnern" zählen. Ich weiß, es ist ein sehr korruptes System in dem wir heutzutage leben, aber für einen Wandel ist es längst zu spät. Sie sollten daher die in diesem Buch veröffentlichten Methoden nutzen, um noch rechtzeitig auf den „Geld-Zug" aufzuspringen - bevor auch Sie und Ihre Familie zu den Opfern des Systems zählen werden. Denn die breite Masse der „Schafe" wird erst „aufwachen" und versuchen das System zu ändern, nachdem großen entscheidenden „Zusammenbruch" – Crash! Selbst der berühmte Bankier J.P. Morgan sagte einst: *„Gold ist Geld, alles andere ist Kredit!"* Denken Sie mal darüber nach.

Zusammenfassung:

- Nachdem 1971, Präsident Richard Nixon den Dollar von dem Goldstandard trennte, hörte Geld auf Geld zu sein und wurde eine „Währung", welche nur durch Schulden „gedeckt" ist.
- Geld muss ein Speicher von Werten sein und seine Kaufkraft über lange Perioden bewahren.
- Das griechische Universal Genie Aristoteles schrieb schon damals über die 4 nötigen Charakteristiken des universellen Wertes (was wir heute als Geld bezeichnen). Es muss:
- langlebig
- tragbar
- teilbar
- und werthaltig sein.

Sie sehen also, Gold und Silber weisen beide diese 4 Charakteristiken auf, das ist auch der Grund warum sie nun schon seit über 5000 Jahren Geld sind!

Deswegen rate ich Ihnen: Speichern Sie immer 50% Ihres Reichtums in physischen Gold und Silber – und lagern Sie dieses sicher und anonym! Ein reguläres Bankschließfach zählt nicht dazu, da wenn der Staat Sondersteuern, Abgaben oder ein Goldverbot erhebt, Sie an Ihr Gold nicht mehr herankommen werden!

Das Geld der globalen Elite ist Gold und Silber! Das Papiergeld ist nur für Transaktionen und zur Ausbeutung gedacht!

Gold und Silber aber als eigentlicher Wertespeicher!

Denn egal ob es zu Inflation, Währungscrash oder einer Staatspleite kommt – mit physischen Gold und Silber werden Sie immer auf der Gewinnerseite stehen:

Inflation: Die Geldmenge wird künstlich aufgebläht, das Papiergeld verliert an wert – Gold und Silber fangen an zu „steigen". In Wirklichkeit steigen die beiden Edelmetalle aber eigentlich gar nicht, sondern sie bewahren einfach nur ihren inneren Wert. Hierzu ein kleines Beispiel: 1945 konnten Sie für eine Unze Gold (56$) einen maßgeschneiderten Anzug und ein Paar italienische Lederschuhe kaufen + einen Haarschnitt! Heute können Sie für eine Unze Gold (1100€ 2016) einen maßgeschneiderten Anzug kaufen und ein Paar italienische Lederschuhe + einen Haarschnitt! Der innere Wert des Goldes (Silbers) ist also in Wirklichkeit als statisch anzusehen! Sie verlieren so, während alle anderen (etwa 90% der Menschen) meist schleichend durch die Inflation enteignet werden, keinen einzigen Cent. Mehr noch: Dadurch, dass durch starke Inflation das „große Geld" der Investoren und Reichen meist immer verstärkt in die Edelmetalle fließt, werden diese sogar noch aufgeblasen, wovon Sie wiederrum enorm profitieren – wenn Sie einen Teil davon zum rechten Zeitpunkt verkaufen und bei Kursrückschlägen wieder zurückkaufen oder noch besser, diese Preisbewegungen durch Optionsscheine und Minen hebeln und dadurch in kürzester Zeit zu riesen Reichtum gelangen können! Wie das genau geht erfahren Sie auf unserer Webseite www.goldfingerreport.com.

Währungscrash: Die Währung geht unter bzw. wird wertlos – oder es gibt eine „neue" Währung über Nacht (Währungsreform siehe auch den € - der die Menschen über Nacht 50% ihres Reichtums gestohlen hatte!) – doch Gold- und Silberbesitzer sind hiervon nicht berührt gewesen!

Staatspleite: Der Staat geht offiziell Pleite und stopft seine Finanzlöcher mit den Ersparnissen der Bürger. Hierbei werden Immobilienbesitzer, Bürger und Unternehmer durch Zwangsabgaben, Vermögenssteuern oder anderen Enteignungsgesetzen beraubt (siehe auch angebliche „Einlagensicherung" bis 100.000€ für die Sparer – in Zypern und Griechenland hat man das den Menschen auch verkauft!!!). Nicht aber die Menschen die anonym Gold und Silber besitzen. Diese bleiben verschont!

Sie sehen also, egal zu welchen dieser 3 Szenarien es kommen mag, mit Gold und Silber werden Sie immer zu den Gewinnern zählen!!! (Nur „leider" lernt man so etwas eben nicht in der Schule oder Universität – und „Mama" und „Papa" kennen meist auch nur das Sparschwein!)

2.6. Das beste Goldversteck der Welt! Hier sollten Sie lagern!

Und das bringt uns nun zum nächsten Abschnitt dieses Buches: Wo soll man denn sein Gold und Silber dann lagern, wenn nicht in einem Bankschließfach?!

Nun Sie haben eigentlich nur 2 Möglichkeiten:

1. Zuhause sicher verstecken (und mit niemandem darüber sprechen!)
2. Professionell in sogenannten Zollfreilagern (am besten gestreut und auch außerhalb Ihres Landes)!

Ich persönlich bevorzuge eine Mischung aus den oben genannten Optionen, d.h. ich lagere selbst einen kleinen Teil meines Gold- und Silbers in meinem Anwesen (in einem gesicherten Versteck versteht sich) und den großen Teil meines Goldes bewahre ich in Zollfreilagern, die auf der ganzen Welt verstreut sind, auf!

Wir empfehlen Ihnen hierfür das folgende Unternehmen mit Sitz in der Schweiz (und Hongkong) aufgrund seiner hohen Seriosität! (Hinweis: Dieses Unternehmen operiert nicht mit U.S. Staatsbürgern!)
https://www.orsuisse.ch/
Das Unternehmen:

OrSuisse AG
OrSuisse AG ist eine schweizerische Lagergesellschaft mit Sitz in Altdorf im Gotthardkanton Uri. Eine Niederlassung befindet sich in Embrach, in der Nähe des Flughafens Zürich. Die Edelmetalle lagern in ausgewählten Hochsicherheits-Tresoren in der Schweiz, vollkommen außerhalb des Bankensystems. Das interne Kontroll-

system (IKS) ist nach dem internationalen Standard ISAE 3402 zertifiziert.

Der OrSuisse Orderlagerschein
Die Kantone Uri und Zürich haben OrSuisse offiziell berechtigt, Warenpapiere nach Schweizerischem Obligationenrecht auszugeben. Diese Warenpapiere sind Wertpapiere und werden von OrSuisse als Orderlagerscheine herausgegeben. Sie sind per einfachem Indossament frei übertragbar. Sie werden wie Edelmetalle gehandelt und gelten nicht als Effekten.
Das renommierte Buchprüfungsunternehmen BDO AG auditiert zweimal jährlich, dass die ausgestellten Lagerscheine 1:1 mit den Lagerbeständen übereinstimmen.

Das Ein- und Auslagern von Edelmetallen
Sie können Bestände (Gold, Silber, Platin und Palladium) einlagern, die sich bereits in Ihrem Eigentum befinden oder über einen der autorisierten Händler Edelmetalle zur Einlagerung erwerben. Die Lagergebühren werden für die gewählte Lagerdauer vorab bezahlt. Alle nicht angefangenen Jahre werden bei einer Auslagerung rückerstattet. Bei einem Umtausch werden Ihnen alle Lagergebühren gutgeschrieben.
OrSuisse garantiert eine jederzeitige und sofortige Auslagerung aller Bestände gegen Vorlage des Lagerscheins. Durch die Vorhaltung von Barren und Münzen in den Losgrößen, auf welche die Lagerscheine ausgestellt sind, ist eine Auslagerung jederzeit möglich. Sie haben in der Sammelverwahrung (Allokation) ein Anrecht auf genau die Einheit, die Sie eingelagert haben. Die hinterlegten Edelmetalle bleiben stets in Ihrem Eigentum und gehören zu keiner Zeit OrSuisse.
Sie können auch die eingelagerten Barren und Münzen auf Ihren Lagerschein registrieren(Segregation). Sie erhalten dann bei einer Auslagerung exakt Ihre eingelagerten Edelmetalle wieder zurück.
Anstelle einer Auslagerung können Sie ihre Lagerscheine auch direkt an die autorisierten Händler zu aktuellen Marktpreisen verkaufen.

Dadurch gewinnen Sie eine maximal mögliche Fungibilität und Liquidität Ihrer Edelmetalle und behalten uneingeschränkt alle Eigentumssicherheiten.

2.7. Die geheime Währung der Insider! So bewegen Sie Millionen, ohne aufzufallen!

Das Zauberwort lautet: Bitcoin!

Was ist Bitcoin?

Bitcoin (englisch für „digitale Münze") ist ein weltweit verfügbares dezentrales Zahlungssystem und der Name einer digitalen Geldeinheit. Überweisungen werden von einem Zusammenschluss von Rechnern über das Internet mithilfe einer speziellen Peer-to-Peer-Anwendung abgewickelt, so dass dabei keine zentrale Abwicklungsstelle – wie im herkömmlichen Bankverkehr – benötigt wird. Die Guthaben der Teilnehmer werden in persönlichen digitalen Brieftaschen gespeichert. Der Marktwert von Bitcoins ergibt sich aufgrund von Angebot und Nachfrage.

Bitcoin wurde 2008 in einem White Paper unter dem Pseudonym Satoshi Nakamoto erstmals beschrieben und 2009 als quelloffene Bitcoin-Software veröffentlicht. Das Bitcoin-Netzwerk basiert auf einer von den Teilnehmern gemeinsam mit Hilfe der „Bitcoin-Core"-Softwareverwalteten dezentralen Datenbank, in der alle Transaktionen verzeichnet werden. Die einzige Bedingung für die Teilnahme ist der Betrieb eines Bitcoin Core, alternativ kann auch einer der Online-Dienste genutzt werden (z. B. für mobile Geräte). Dadurch unterliegt das Bitcoin-System keinen geographischen Beschränkungen – außer der Verfügbarkeit einer Internetverbindung – und kann länderübergreifend eingesetzt werden.

Mithilfe kryptographischer Techniken wird sichergestellt, dass nur der Eigentümer der Bitcoins Transaktionen vornehmen kann und die Geldeinheiten nicht mehrfach ausgegeben werden können.

Daher wird Bitcoin auch als Kryptowährung bezeichnet, obwohl der Begriff Währung normalerweise von Staaten emittierte Zahlungsmittel bezeichnet. In deutschsprachigen Medien wird auch die Bezeichnung Kryptogeld benutzt. *Quelle Wikipedia*

Was ist jetzt so besonders an Bitcoin?

Nun Bitcoin ist keine physische sondern eine Rein digitale Währung. Ein Bitcoin entsteht nur, wenn er „gemint" wird – oder anders ausgedrückt – er muss erst „programmiert" werden durch eine bestimmte Software! Dieses „minen" nimmt Zeit (Arbeit) in Anspruch – daher hat Bitcoin im Gegensatz zu allen anderen Papiergeldwährungen – einen inneren Wert!

(Ein weiterer Vorteil ist das alle Transaktionen mit Bitcoins anonym sind. Bitcoinkonten haben keine Namen Sondern „Adressen" (Buchstabensalate).

Es handelt sich bei Bitcoin also nicht um eine „Fiat-Währung"!

Die einzigen Nachteile von Bitcoin sind, das es eine rein virtuelle Währung ist die:

- Von Hackern manipuliert werden kann!
- Durch schließen des Internets über Nacht verschwinden würde!
- Man sie nicht physisch greifen kann!
- Sie der globalen Elite sogar vielleicht in die Hände spielt (siehe Bargeldverbot und RFID-Chip!)

Doch Bitcoin hat einen entscheidenden Vorteil: Und zwar für Leute die ihr Vermögen unbemerkt (und ohne Steuern und Zoll versteht) über die Grenze – von einem zum anderen Ort bringen wollen!

Denn Sie brauchen sich nur Ihr persönliches Passwort merken (private Key), mit dem Sie auf jeden Computer der Welt mit Internetanschluss, auf Ihr Bitcoin-konto zugreifen können! Das nennt man dann „Brain wallet"! Sie können somit jegliche Summen Geld über die Grenze schaffen ohne aufzufallen, nur mit einem einzigen Passwort in Ihrem Kopf! Keine Bankkarte und kein Bargeld sind dafür erforderlich.

Wo bekomme ich nun also solche Bitcoins bzw. ein Konto dafür?

Ganz einfach: Besuchen Sie die Webseite www.bitcoin.de

Hier ist noch ein Erklärungsvideo dazu:

https://www.youtube.com/watch?v=ToQs0sXZ3Fs

Mein Fazit: Bitcoins sind eine besserer Alternative zu herkömmlichen Papiergeldwährungen, denn:

- Bitcoin ist anonym (bis jetzt!)
- Bitcoin lässt sich nicht durch die Zentralbanken der Bankster kontrollieren (bis jetzt!)
- Bitcoin hat ein unglaubliches Gewinnpotential
- Der Preis von Bitcoin wird kontrolliert durch Angebot und Nachfrage!

Nachteile:

- Bitcoin ist eine rein digitale Währung (spielt damit auch in die Hände der NWO!)
- Bitcoin-transaktionen können gehackt werden (so wie auch alle anderen Banktransaktionen!)
- Bitcoin könnte durch die Regierungen verboten werden!
- Bitcoin ist abhängig vom Internet (Gold u. Silber nicht!)
- Bitcoin kann man nicht physisch anfassen!

Ich würde daher dazu raten, einen kleinen Teil Ihres Vermögens (2-3%) in Bitcoin zu Investieren. Die Leute der ersten Stunde, die bei Bitcoin zugeschlagen hatten (bei rund 3$) und beim Hoch (bei 1100$) verkauften, sind sehr reich damit geworden. Der kanadische Investor Jeff Berwick geht sogar davon aus, das ein Bitcoin bis zu einer Million $ steigen könnte. Er kommt auf diese Zahl, durch den sehr engen (kleinen) Bitcoinmarkt gegenüber dem aufgeblähten Papiergeldmarkt – sprich wenn eine bestimmte Anzahl von Papiergeld in den Bitcoin Markt wandert, dann werden die Preise exponentiell steigen. Ich glaube nicht zu 100% an ein solches Szenario, doch auszuschließen ist es nicht. D.h. Preise von 30.000$ pro Bitcoin werden wir noch sicherlich in den nächsten 10 Jahren erleben! (Wenn es die Währung bis dahin noch gibt!)

2.8. Immobilien: Wo und wo nicht!

Dies ist eines der wichtigsten Abschnitte in diesem Buch, da so vielen Menschen nicht bewusst ist, wie sehr Ihr Vermögen bedroht ist. Es geht hier jetzt ausschließlich um den Aspekt: Immobilien! Man kann getrost behaupten, wer heute noch in Deutschland private Immobilien besitzt, der lebt hinterm Mond! Gewagte Aussage - ich weiß, aber lassen Sie mich bitte erklären!

Deutschland: Deutschland gehört zu EU! Das ist Fakt! Fakt ist auch, dass Deutschland deshalb dem ESM-Vertrag (Europäischen Stabilitätsmechanismus) zugestimmt hat! Welche Konsequenzen hat das nun für Deutschland, oder besser gesagt für dessen Bürger! Nun die gesamten Nachteile des ESM hier zu beleuchten, würde doch schnell den Rahmen sprengen – aber in Bezug auf Immobilien ist es recht simpel! Im ESM-Vertrag existiert ein Gesetz – ähnlich dem „Lastenausgleichsgesetz", welches dem ESM erlaubt, alle privaten Immobilienbesitzer in Deutschland mithilfe einer Zwangshypothek zu enteignen. D.h. auch wenn Ihre Immobilie bis dato abbezahlt ist, so wird auf diese eine Zwangshypothek auferlegt, die Sie dann erneut abzahlen müssen. Ist Ihnen dies nicht möglich, so ahnen Sie sicher schon, kommen die Männer in Blau und Ihr Haus wird zwangsversteigert! Doch keine Panik, denn natürlich gibt es auch wieder hier Schlupflöcher, die von der Elite und Insidern genutzt werden können!

Wie kann man dieser Zwangsenteignung entgehen!

Hier sind Ihre Möglichkeiten:

1. Der einfachste Schritt wäre, besitzen Sie einfach keine Immobilien in Deutschland. Wer nichts hat, dem kann auch nicht genommen werden!

2. Sie gründen eine Firma, einen Verein oder eine Stiftung und lassen Ihre Immobilien über diese laufen. Denn der ESM-Vertrag bezieht sich in erster Linie immer nur auf die Bürger (Privatpersonen!). Institutionen und Unternehmen sind davon ausgeschlossen. Denken Sie daran, der Rothschildfonds „BlackRock" hält massiv deutsche Immobilien. Daher wäre es sogar von Vorteil, eine Firma außerhalb Deutschlands (am besten Offshore) ins Leben zu rufen und über diese dann alle Immobilien in Deutschland zu erwerben! Sie sind so: a.) von der Enteignung durch den ESM nicht betroffen und b.) zahlen zudem keine Steuern, wenn Sie Ihre Immobilienfirma beispielsweise in Belize oder den Seychellen zugelassen haben und Ihren Dauerhaften Wohnsitz in Deutschland abmelden!

3. Sie gründen ein Verein (e.V.) in Deutschland! Vereine sind vom ESM nicht betroffen!

4. Sie gründen eine Stiftung! (Ist leider sehr kostspielig!)

Abgesehen von der drohenden Enteignung durch den ESM, ist Deutschland auch aufgrund seiner demographischen und politischen Lage nicht gerade zu empfehlen!

Demographie: Die Demographie der deutschen Bevölkerung ist stark rückläufend! Im Gegensatz dazu vermehren sich andere ethnische Gruppen hier überproportional. Problem: Ein Großteil (über 60%) dieser Ethnien lässt seinen Wohnraum durch den Staat bezahlen! Und wer will sich heute noch auf die Zahlungsfähigkeit des Staates verlassen?! Also ich nicht! Ich wünsche allen Vermietern in Deutschland daher viel Spaß, wenn das Amt die Mieten nicht mehr zahlen wird, diese bei den arabischen Großfamilien eintreiben zu wollen! Die werden ihre Häuser nicht ohne Kampf aufgeben! Besetzten Wohnraum nennt man so etwas!

Zudem kann und wird die demographische Situation + die derzeitige „Flüchtlings" – Politik zum Bürgerkrieg führen. Und Immobilien in einem Bürgerkriegsgebiet lassen sich nun mal schwer an den „Mann" bringen!

Politische Lage: Auch wenn es viele nicht wissen oder gar wahrhaben wollen: Doch Deutschland ist immer noch ein besetztes Land der Siegermächte. Allen voran den USA. So lagern bis heute noch über 300 Atomsprengköpfe in Deutschland! Warum?! Ja wegen den „bösen" Russen natürlich! Das heißt Deutschland wird eines der Hauptangriffspunkte in einem 3. Weltkrieg sein! Egal ob wir nach außen hin mit niemanden verfeindet sind. Wenn die USA und die Russen einen Krieg beginnen, dann muss Russland dafür sorgen, die Atombomben in Deutschland „unschädlich" zu machen! Mit anderen Worten, Deutschland wird wie in den ersten beiden Weltkriegen, auch wieder nicht verschont bleiben!

Daher mein Fazit für Immobilien in Deutschland: Finger weg! Welche Alternativen hat man nun zu Deutschland, wenn man in Immobilien investieren will?!

Türkei:

In der Türkei gibt es einen wahren Bauboom, wenn es um Ferienhäuser und Wohnanlagen am Strand etc. geht! Gute Wohnungen bekommen Sie dort schon teilweise ab 30.000€! Tipp: Bringen Sie zum Besichtigungs- wie Geschäftstermin am besten einen türkischsprechenden Freund oder Bekannten mit. Zudem sollten Sie ein bisschen Geld in einen guten deutschtürkischen Anwalt stecken, der Ihnen beim Hauskauf (Formalitäten) behilflich sein kann, damit Sie nicht Gefahr laufen übers Ohr gehauen zu werden. (Das wird dann nämlich deutlich teurer sein als Ihr Anwalt!)

Warum in der Türkei investieren? Die Türkei ist ein aufstrebendes Land, welches in den nächsten 20 Jahren ein gewaltiges Wachstum verzeichnen wird! D.h. die Immobilienpreise werden dort in den nächsten Jahrzehnten explodieren. Wer jetzt zuschlägt, der hat später ausgesorgt!

Benidorm (Spanien)

Auch hier lohnt es sich in Strandnahe Apartments zu investieren, um diese dann an englische und deutsche Touristen zu vermieten. Diese bezahlen Ihnen hohe Mieten, gerade in der Hochsaison. Der Kaufpreise eines Apartments rentieren sich dann sehr wohl! Gute Apartments bekommt man ab 120.000€

Vorteile: Benidorm weist optimales Klima und sauberste Strände auf. Zudem gibt es hier Massen-Tourismus, also das ganze Jahr über eine dauerhafte Nachfrage an Kunden.

Nachteile:

- Sie müssen mit sogenannten Schlüsseldiensten zusammen arbeiten (wenn Sie an Touristen vermieten). Unter diesen gibt es leider viele schwarze Schafe. Doch bei guter Recherche bekommt man auch dieses „Problem" in den Griff!
- Spanien gehört zur EU (siehe ESM), daher Immobilien auch hier am besten durch vorher konstruierte Firma erwerben!
- Benidorm ist das „Mekka" der armen Touristen. Sollte die Weltwirtschaft mal wieder stark ins Schwanken geraten, dann werden die Zahlen der Touristen auch spürbar zurückgehen. Doch Kundschaft sollte dennoch vorhanden sein!

Kanada:

Hier besitze ich persönlich viele Immobilien. Das Land hat eine gute Infrastruktur, die Einwohner verdienen überdurchschnittlich, man erzielt sehr hohe Mieten). Auch Naturkatastrophen sind hier eher selten. Ich persönlich würde Immobilien in Vancouver und im Raum Ontario sehr empfehlen. Hier herrscht eine steigende Nachfrage, zudem sind hier die Mietpreise am höchsten (natürlich damit einhergehend auch die Preise der Immobilien!).

Ein weiterer Vorteil von Immobilien in Kanada sind die sehr liberalen Handelsgesetze dort, im Gegensatz zu den USA. Ein Beispiel: In den USA gibt es ein Gesetz, welches sich „Trading with the Enemies Laws" nennt. Dieses Gesetz besagt, dann man grundsätzlich alle ausländischen Investoren enteignen kann. Davon haben die Amerikaner auch permanent Gebrauch gemacht. Im ersten Weltkrieg, im zweiten Weltkrieg (es wurden sogar französische Investoren enteignen – weil Frankreich von den Feinden (Nazis) besetzt wurde. Das käme heute beispielsweise einer Besetzung durch die Russen in Deutschland gleich. Sie würden so, auch Ihr Kapital dort verlieren können, selbst wenn Deutschland offiziell gar kein Feind, ja gar Verbündeter (Sklave) der USA ist. In Kanada gibt es ein solches Gesetz nicht!

USA: Nun wie Sie jetzt wissen gibt es dort besagte Gesetzte, die uns ausländischen Investoren das Leben dort schwer machen, doch auch hier gibt es ein paar Tricks:

Gründen Sie in Amerika eine LLC (Kosten weniger als 1000$) und tragen Sie ein obligatorischen amerikanischen Inhaber dort ein. Sie selber lassen sich aber vertraglich eine Vollmacht aushändigen. Auf dem Papier gehören die Immobilien dann einem U.S. Bürger und Sie würden im Falle eines Falles – von dem besagten Enteignungsgesetz der USA nicht betroffen sein. Denn abgesehen von diesem Gesetz sind die USA ein wunderbares Land für Immobilien. In Texas und Arizona eignet es sich ganz besonders in Immobilien zu investieren, da hier die Industrie sehr stark ist und somit die Arbeitslosenzahlen für amerikanische Verhältnisse ziemlich gering sind

Thailand:

Immobilien sind hier auch noch sehr günstig! Auch wird es hier in den nächsten 20 Jahren ein gewaltiges Wachstum geben. Wer jetzt investiert, wird ein Vielfaches seines Geldes wiedererhalten! Doch: In Thailand gibt es ein Gesetz, welches es Ausländern verbietet Land zu besitzen (und zu vererben!) Sie können dort zwar Immobilien kaufen, doch diese werden rechtlich gesehen nie ganz Ihnen gehören, da ein Ausländer dort kein Land erwerben kann. Es handelt sich beim Kauf einer Immobilie also eher um eine Pacht. Doch auch hier gibt es folgende Lösung. Sie gründen eine Thai Limited und tragen selber nur 49% Anteil an den Aktien, der Rest befindet sich in Thailändischer Hand. Sie lassen sich aber vorher eine Vollmacht geben, so kontrollieren Sie das Grundstück plus die Immobilie. Diese Firma können Sie dann auch weitervererben. Lassen Sie eine solche Firmengründung aber nur vor Ort, durch deutschsprachiges Sachpersonal vollziehen. Ansonsten kann eine solche Gründung auch nach Hinten losgehen!

Was sind die Vorteile, die für Thailand sprechen:

- Wachstum!
- Bestes Klima!
- Tourismus!
- Günstige Preise, da schwache Währung!

Nachteile:

- Investorenfeindliche Gesetze!
- Naturkatastrophen
- Sprachbarrieren!
- Vermietung ist abhängig von Schlüsseldiensten!
- Gefahr übers Ohr gehauen zu werden!

Geheimtipp: Teneriffa!

Vorteile:

- Bestes Klima (daher auch stetige Nachfrage!)
- Gehört zur EU, liegt geographisch aber außerhalb Europas!
- Keine Naturkatastrophen!
- Hohe Nachfrage von Deutschen Mietern (Rentner!)
- Gute deutsche Immobilienbüros für Schlüsseldienste etc.

Nachteile:

- Abgesehen von gelegentlichen Baumängeln gibt es hier keine! Also unbedingt immer einen Gutachter für Bausubstanzen mitbringen, bevor Sie hier eine Immobilie erwerben!

2.9. Die 50/50 Taktik! So handelt man Optionsscheine „ohne Risiko"!

Als aller erstes müssen Sie wissen was Optionsscheine sind und wie diese funktionieren. Wenn Sie dies verinnerlicht haben, dann können wir mit der eigentlichen Strategie „Die 50/50 Taktik! So handelt man Optionsscheine „ohne Risiko"!", beginnen!

Was sind Optionen?

Optionen werden im Future-Markt gehandelt. Diese Terminbörse wird auch als Derivate-Markt bezeichnet. In diesem Markt kaufen oder verkaufen („callen" oder „putten") Sie einen Wert (Aktie, Index, Rohstoff) zu einem festgeschriebenen Preis (Basiswert), welchen Sie auf der anderen Seite erst in der Zukunft kaufen oder verkaufen „müssen" – die Preisdifferenz zwischen Ihrem Basiswert und der aktuellen Preisentwicklung bildet Ihren Gewinn oder Verlust.

Es gibt 2 Arten von Optionen!

1. Call Optionen (für steigende Preisspekulationen) auch genannt – „long" Positionen
2. Put Optionen (für fallende Preisspekulationen) auch genannt – „short" Positionen

Wenn Sie sich für eine dieser beiden Optionen entschieden haben – gibt es erneut zwei Arten von Optionsscheinen:

- Open –end Produkte – diese sind Zeitlich „unbegrenzt"
- Limitierte Produkte – diese haben eine festgelegte „Laufzeit" (Optionsscheine)

Beide Produkte haben eine sogenannte Knockout – Schwelle, wenn diese berührt oder je nach Art (call oder put) unter- oder überschritten wird, verfällt der Schein wertlos - ein open-end Produkt sofort – beim limitierten Optionsschein zählt nur der Zeitpunkt des Fälligkeitsdatums (der Ausübung) – ich bevorzuge diese Art von Optionen (mit fester Laufzeit), aufgrund des meist wesentlich größeren Hebels und gleichzeitig geringem Risikos, verglichen mit den Open-end Produkten. Hier ist ein kleines Beispiel zu einer Put Option mit einer festen Laufzeit die ich im Jahr 2014 getätigt habe. Ich kaufte eine Put Option auf den Dax. Der Basiswert für dieses Produkt war 9000 (was die Punkte des Dax darstellt). Der Zeitpunkt der Ausübung war der 19.11.2014. Der Hebel war zum Einstiegszeitpunkt 89, heißt wenn der Dax 2% fällt, steigt mein Produkt um 178% (2x89). Ich kann dann während der gesamten Laufzeit mein Produkt verkaufen (auch nur Anteile) und meinen Gewinn mitnehmen. Ich brauche also nicht bis zum Tag der Ausübung warten – was das Risiko wiederrum erheblich sinken lässt.

Hinweis: Dies ist nur ein vereinfachtes Beispiel, dennoch würde ich Ihnen raten sich sehr mit den Terminbörsen auseinander zusetzten, selbst wenn diese immer noch einen sehr schlechten Ruf unter Privatanlegern genießen und hiermit sehr viel Schindluder betrieben wird.

Nun zu meiner Strategie:

Diese ist recht simpel, dafür aber auch äußerst effektiv:

Als Allererstes benötigen Sie einen Marktsektor (Rohstoffe, Aktien, Indices), an dem Sie Ihre Optionen platzieren können.

Ich selber habe mich im Rohstoffsektor auf Gold und Silber – und im großen Industriesektor (Aktienmärkte) auf den DAX/DOW/S&P500 spezialisiert. Hier erziele ich die größten Gewinne mithilfe meiner Long und Short Strategie. Ich werde nun im Folgenden versuchen diese Strategie bis auf den Kern herunter zu brechen, damit Sie alles verstehen – von Chancen und Risiken, um sicher zu gehen, dass auch Sie wirklich erfolgreich sein werden.

Lassen Sie uns nun einfach einmal den DAX als Beispiel nehmen. Sie würden in diesem Fall einfach eine Call-Option für beispielsweise 500€ und eine Put-Option für 500€ kaufen. Beide Optionen müssen:

- In etwa die gleiche Laufzeit haben (am besten immer mindestens 12 Monate)!
- Einen etwa gleich großen Hebel vorweisen (Omega)!
- Etwa das gleiche Risiko gemessen am Strike (Knockout-Schwelle) vorweisen!!!
- Sie müssen den gleichen Betrag in beide Optionen investieren!

Wenn Sie nun also genau den gleichen Betrag in beide der Optionen (Optionsscheine) investiert haben, dann ist es egal ob der Dax steigt oder fällt – Sie werden in beiden Fällen Geld verdienen. Wenn die beiden jeweiligen Optionen des Weiteren noch über einen großen Hebel verfügen, wird der Gewinn der einen Optionen immer größer sein, als der Verlust der anderen Option (vorausgesetzt Sie haben in beide (Call/Put) den gleichen Betrag investiert!) Sie minimieren so Ihr Risiko praktisch auf null!

„Und was ist wenn der Markt weder steigt noch fällt –sprich es zu einem Seitwärtstrend kommt?!"

Antwort: Ja, Seitwärtstrends kommen vor, doch sind diese in den meisten Fällen nur von kurzer Dauer – zudem zeichnen sich diese häufig unmittelbar vor einem erneuten Ausbruch nach Oben wie Unten aus!

Denn: Die Elite hat kein Interesse daran, dass es über eine längere Zeit einen Seitwärtstrend gibt, ganz einfach weil sie in so einem Markt nur wenig Geld verdienen können. Daher sind lange Seitwärtsphasen seitens der globalen Elite unerwünscht! Dies ist auch der Grund dafür, warum ich in den vorher 3 genannten Punkten angemerkt hatte, Optionsscheine mit einer Laufzeit von mindestens 12 Monaten zu erwerben, da so das Risiko einer Seitwärtsphase deutlich minimiert wird!

Wenn Sie also diese „Taktik" verfolgen, haben Sie praktisch kein Risiko mehr. Zudem können Sie diese Taktik auf alle Anlageklassen (Märkte) anwenden. Das Prinzip von 50/50 bleibt immer dasselbe!

Ihre Optionsscheine können Sie sich auf

www.finanzen.net

www.onvista.de

heraussuchen oder aber abonnieren Sie unseren Börsendienst auf www.goldfinger-report.com

2.10. Die Börse und die Bibel!

Was hat die Börse bitte mit der Bibel zu tun, werden Sie sich jetzt wahrscheinlich noch sehr kritisch fragen, doch glauben Sie mir – mehr als Ihnen vielleicht lieb ist!

Dass es sich bei der globalen Elite um Okkultisten handelt, dürfte wohl jedem halbversierten „Truther" bekannt sein. Zahlensymbolik ist eines der Grundfundamente der „Religion" dieser Psychopathen. Dies ist auf eine „Karmische"-Grundsatzlehre zurückzuführen, der die Elite anhängt. Demnach muss der „dummen" Öffentlichkeit jeder Schritt ihres perfiden Planes (meist durch kleine Hinweise, Zahlencodes, Gleichnisse etc.) mitgeteilt werden, um so das schlechte Karma (die ausgleichende Gerechtigkeit!) von ihnen abzuwenden. Wenn dann die Öffentlichkeit „informiert" wurde, aber dennoch nichts verstanden hat, so können sie sich dann auf ihren eigentlichen darwinistischen Grundsatz stützen: *„Wir sind den anderen Menschen überlegen. Es ist also nur gerecht das wir über sie herrschen!"*

Dies ist so ungefähr das Mindset, welches Sie bei der internationalen Elite vorfinden können.

Nun aber zur Bibel und der Börse!

Hier lautet das Zauberwort oder die Symbolik „Shmitah"!

Was ist der „Shemitah"?! Der „Shmita" ist ein uraltes Geheimnis, welches über 3000 Jahre bis hin zu Zeiten Moses zurück verfolgbar ist. Doch bis heute beeinflusst dieser Kreislauf alle großen Geschehnisse dieser Welt. Von 9/11 bis hin zu den großen Crashs der Aktienmärkte. Vom Auf- und Abstieg ganzer Nationen, bis hin zum ersten und zweiten Weltkrieg – und „vielleicht" sogar den dritten Weltkrieg. Wie funktioniert dieser Kreislauf?! Der Shemitah ist in Wirklichkeit ein Jahr, welches zu einem alle 7 Jahre wiederkehrenden Zyklus gehört. Das Wort „Shmita" kommt von dem hebräischen Wort „שמיטה " und heißt wortwörtlich „lösen". Alle 7 Jahre war es den Hebräer von der Torah vorgeschrieben ihrem Land eine Sabbatruhe zu geben.; *Aber im siebten Jahr soll das Land eine vollständige Sabbatruhe zur Ehre des Herrn halten: Dein Feld sollst du nicht besäen und dein Weinberg nicht beschneiden. -Lev. 25,4*

;Alle sieben Jahre sollst du ein Erlassjahr halten. Also soll's aber zugehen mit dem Erlassjahr: wenn einer seinem Nächsten etwas borgte, der soll's ihm erlassen und soll's nicht einmahnen von seinem Nächsten oder von seinem Bruder; denn es heißt das Erlassjahr des HERRN. -5.Mose 15:1-2. Dieser „Erlass" findet immer am 29. des Monats „Elul" des Hebräischen Kalenders statt. In 2001 fiel dieser Tag auf den 17. September, nur 6 Tage nach 9/11. Die Börsen fielen weltweit dramatisch. An diesem letzten Tag (Elul 29.) des 7 Jahre Zyklus, fiel der DOW um 7%! Dies war eines der größten Tageseinstürze in der amerikanischen Geschichte seit der großen Depression. Währenddessen erließen sie in Israel (shemittah) ihre Schulden. 7 Jahre später, ist es erneut Elul 29 – (29 September, 2009 auf dem gregorianischen Kalender). In diesem Monat war die finanzielle Schwäche der US Börsen offensichtlich, doch am besagten Tag (29.) kam es zu einem Kurssturz von 777 Punkten. Währenddessen erließen sie in Israel (shemittah) ihre Schulden. Der Rabbiner Jonathan Cahn („The Mysteries of Shemitah") glaubt das es sich hierbei um ein göttliches Gericht handelt, welches unsere Finanzen (Haussen) wieder bereinigt und zur „Sabbatruhe" bringt.

Wir glauben hingegen, hier spielt die Elite ein blasphemisches Spiel (welches übergeordnet natürlich dem Willen Gottes unterliegt (siehe 777 Punktesturz beim Dow – dies ist schon fast unmöglich zu manipulieren).

Halten wir nun aber fest: Im Jahr des Shmitah, welches alle 7 Jahre wiederkehrt, kommt es also immer zu großen, monumentalen (meist Krisen) Ereignissen wie auch Börsenkrisen, welche meist satanischer Natur sind.

1901-1902 Shmita Jahr - 46% Zusammenbruch an den U.S. Aktienmärkten!

1916-1917 Shmita Jahr - 40% des U.S. Aktienmarktes vernichtet. Das Deutsche, Österreichisch-Ungarnische, Russische- und Osmanische Reich kollabieren. Großbritannien, die mächtigste Großmacht der Welt war fast bankrott. Der Aufstieg Amerikas zur Weltmacht! All dies während des einen Shmitah-Jahres!!!

1930-1931 Shmita Jahr - 86% Zusammenbruch des U.S. Aktienmarktes. Der größte Aktiencrash in der modernen Geschichte der Zivilisation!

1937-1938 Shmita Jahr - 50% Zusammenbruch des U.S. Aktienmarktes. Globale Rezession.

1944-1945 Shmita Jahr - Ende des Deutschen Reiches und der Britischen Kolonien. Etablierung Amerikas als neue Supermacht!

1965-1966 Shmita Jahr - 23% Verlust an den Aktienmärkten.

1972-1973 Shmita Jahr - 48% Verlust an den U.S Märkten. Globale Rezession. Die USA legalisiert Abtreibung (Tötung von ungeborenen Leben!) Die USA verliert ihren ersten Krieg in Vietnam!

1979-1980 Shmita Jahr - U.S. und globale Rezession.

1986-1987 Shmita Jahr - 33% Verlust an den U.S Aktienmärkten!

1993-1994 Shmita Jahr – Crash an den Bondsmärkten.

2000-2001 Shmita Jahr - 37% Totalverlust an den U.S Märkten. 9/11 und globale Rezession.

2007-2008 Shmita Jahr - 50% Verlust an den U.S Märkten. Globale Rezession.

2014-2015 Shmita Jahr - Rebellion/Gleichgeschlechtliche Ehe... (Siehe 7x7 Shmita Harbingers) Zusammensturz des DAX/DOW und S&P von mehr als 20%!

Zudem sei angemerkt, dass die Elite (siehe Rockefeller und J.P. Morgan) schon in der Vergangenheit durch ihre massiven Verkäufe an den Aktienmärkten, große Krisen an den Märkten verursacht haben. Diese absichtlichen Manipulationen der Märkte fanden „komischerweise" immer während eines Shmitah-Jahres statt. Das ist bestimmt aber nur reiner Zufall? Oder?!

Was bringt Ihnen nun dieses ganze Wissen über den Shmitah?

Ganz einfach: Sie wissen jetzt immer wann es sich lohnt die großen Aktienmärkte zu shorten, im Gegensatz zu den ahnungslosen Anlegern – handeln Sie jetzt mit „okkultem" Wissen. Das nenne ich antizyklisch! Diejenigen, (Elite) die schon damals diesen Kreislauf des Shmitahs kannten, haben zu keinen Börsencrash ihr Geld verloren. Im Gegenteil, diese sind sogar noch reicher durch frühzeitige Shortspekulationen geworden!

Kapitel III. ZUKUNFT

3.1. DER 3. WELTKRIEG! WO UND WANN?!

Sie erkennen schon an der Überschrift, hier stellt sich schon gar nicht mehr die Frage „ob", sondern nur noch wo und wann! Doch durch strategisches Denken und das „kleine 1x1", lassen sich auch diese beiden Fragen schnell beantworten!

Wo?

Antwort: Europa – speziell Deutschland!

Warum?

Antwort: Deutschland ist eines der wichtigsten Nato-Stützpunkte in ganz Europa. Hier lagern die strategisch wichtigen Atomsprengköpfe der Alliierten! Zudem werden von hier aus die Drohnen in Richtung Naher Osten geschickt usw. Doch neben Deutschland gibt es noch unzählige andere Nato-Stützpunkte, die in ganz Europa verteilt sind und Russland Stück für Stück eingekesselt haben!

Wenn die USA nun also Russland (und China!) bis aufs Äußerste gereizt haben und Russland keinen anderen Ausweg mehr sieht, als durch einen Präventivschlag die Oberhand zu gewinnen, dann wird Deutschland leider eines der ersten Ziele der Russen sein. Dies setzt gar nicht voraus das uns Russland feindlich gegenübersteht, sondern ist schlicht und einfach seitens der Russen nötig, um die Sprengköpfe in Deutschland vor Ort unschädlich zu machen, da diese aufgrund der kurzen Entfernung zu Russland, durch diverse Abfangmethoden nur schwer zu neutralisieren wären.

Das ist eines der Punkte, welche sich viele der sogenannten „Truther" nicht bewusst sind. Sie denken Russland wäre keine Bedrohung, in dem Sinne das Putin gegen die Neue Weltordnung kämpft. Was er auch tut! Doch wie schon erläutert, hat das eine mit dem anderen nur wenig zu tun. Und Russland wird letzten Endes das Leben der eigenen Nation, dem anderer vorziehen –was eigentlich jede Nation so machen würde (außer Merkelland!)

Sie sehen wie verdammt gefuchst die Zionisten sind. Sie führen ihren Krieg, den sie von den USA aus steuern, gemütlich ohne Risiko auf europäischen Boden aus. Daher auch die ganzen Stützpunkte in Europa. Es kann also davon ausgegangen werden, das die USA selbst während des 3. Weltkrieges gar nicht in Mitleidenschaft gezogen wird. Alle militärischen Maßnahmen der USA gehen von Europäischen Boden aus.

Der zweite Grund warum es in Europa während des Krieges sehr gefährlich sein wird, ist die Tatsache, dass eventuelle Fluglangstreckenraketen mit Atomsprengköpfen, die seitens der Russen oder Chinesen gestartet werden sollten, durch die „Rakenabwehrschilder" der Alliierten über Europäischen Boden abgefangen werden würden. Mit anderen Worten, diese Atomsprengköpfe würden dann über unseren Köpfen explodieren! Können Sie jetzt verstehen, was für Psychopathen in den Europäischen Regierungen sitzen, wie beispielsweise, die damalige polnische Regierung, die dem „Schutzschild" der Amis zugestimmt hat. Diese Leute nehmen das gerade eben beschriebene „Abfangzenario" und damit den Tod von Millionen Landsleuten in Kauf! (Man kann davon ausgehen, dass besagte Schlüsselfiguren der Politik, die diesen Stützpunkten der USA zugestimmt haben mit enormen Summen geschmiert worden sind!)

„Atomkrieg, soweit würde die Elite nicht gehen!"

So etwas hört man auch oft von Leuten, die sich mit diesem Thema auseinander setzen. Leider verkennen diese Herrschaften das es sich bei der Elite um:

1. Chronische Psychopathen handelt!
2. Diese selber Rückzugsmöglichkeiten wie Bunker besitzen!
3. Sie es in kaufen nehmen würden, mehrere Jahre unter der „Erde" zu leben!

Ja, glauben Sie mir, die sogenannte Weltelite wird alle Mittel nutzen um ihr Ziel der absoluten Alleinherrschaft über die Welt zu erreichen. Sie würden lieber mit der ganzen Welt zusammen untergehen, als ihr Ziel nicht zu erreichen! Es ist also verdammt wichtig, sich diesen Mindsets der Elite immer wieder bewusst zu werden. Wer mit dem Essen vergiftet, den Medien Manipuliert und mit Kriegen Geld verdient, der schreckt auch nicht vor einem Atomkrieg zurück, denn für die globale Elite, sind Sie und ich nur nutzlose „Fresser" oder auch „Goyim" genannt!

Wo ist man also noch sicher?

Nun, wenn das totale „Armageddon" über die Welt kommt, dann nirgendswo! Doch um die Überlebenschancen im Falle eines 3. Weltkrieges zu erhöhen, halten wir folgende Orte am sichersten – aufgrund ihrer geografischen Lage:

- Australien!
- Nova Scotia (Kanada!
- Panama!

- Paraguay! (Merkel und Bush haben hier schon ihre Anwesen gekauft!)
- Florida!
- Südafrika! (doch hier droht Rassenkrieg!)
- Teneriffa!

Natürlich kann jetzt nicht jeder auswandern, da die Mittel oft fehlen, doch können Sie in Deutschland Ihre Überlebungschancen drastisch erhöhen, denn:

- Es ist nicht gesagt, dass in Deutschland Atombomben gezündet werden!
- Es überhaupt zu deren Gebrauch kommt!

Doch gibt es noch weitere Gefahrenszenarien, die in Deutschland auf Sie zukommen könnten.

Denn: Viele Hellseher, darunter auch ein deutscher namens Alois Irlmaier, haben folgendes Szenario eines 3.Weltkrieges vorausgesagt (es sei hier noch kurz angemerkt, das mehr als 50 Seher ein derartiges Szenario vorher gesagt hatten:

1. Zuerst kommt ein Wohlstand wie noch nie!
2. Dann folgt ein Glaubensabfall wie noch nie!
3. Darauf eine noch nie dagewesene Sittenverderbnis!
4. Alsdann kommt eine große Zahl Fremder ins Land!
5. Es herrscht eine hohe Inflation!
6. Das Geld verliert mehr und mehr an Wert!
7. Bald darauf folgt die Revolution!
8. Dann „überfallen" die Russen über Nacht den Westen!

Ich finde man kann getrost behaupten, dass es für die zwei letzteren Punkte nicht mehr weit ist!

Es wird also unserer Meinung nach neben einem Weltkrieg, auf jeden Fall auch zu einem Bürgerkrieg in den Ballungszentren in Deutschland kommen. Daher sollten Sie aufs Land ziehen. Doch nicht irgendwo in Deutschland aufs Land, sondern wie Alois Irlmaier es vorhergesagt hatte: So soll Deutschland südlich der Donau geschont und unverletzt bleiben! Das gleiche gelte auch für Gebiete westlich des Rheins, während des 3. Weltkrieges! Auch hier decken sich die Aussagen Irlmaiers mit denen anderer Seher!

Zudem sprach Irlmaier von einer dreitägigen Finsternis, die einem Nebel gleiche und alles tötet was mit ihr in Berührung kommt! Auch dies haben durch alle Zeitepochen und Länder – mehrere Seher in Europa unabhängig voneinander vorhergesagt. Um was es sich genau bei dieser Nebelwolke handelt, geht aus den Vorhersagen nicht hervor, doch wird seitens Irlmaier explizit darauf eingegangen, Fenster und Türen zu schließen. So werde man bereits sterben, wenn man auch nur kurz die Haustür aufmache! Hier ist nochmals eine Karte, die all diese und noch andere Vorhersagen und Szenarien einbezogen hat und aufgrund dessen die sichersten Gebiete in Europa aufzeigt!

Man sieht also, viel Platz bleibt da nicht mehr. Ob es alles so kommen wird, das weiß letzten Endes nur GOTT allein, doch sind Nachforschungen auf diesem Gebiet bestimmt nicht verkehrt, da derartige Szenarien eben von so vielen Sehern, zu so unterschiedlichen Zeitepochen über, gesehen wurden!

3.2. Hier lohnt es sich noch eine Familie zu gründen!

Auch unter diesem Gesichtspunkt, gibt es einige Kriterien, die entscheiden ob ein Land (Stadt/Ortschaft) als Aufenthaltsort für eine Familie geeignet ist.

Meine ganz persönlichen Kriterien sind:

1. Niedrige Kriminalität!
2. Bevölkerung sollte größtenteils der eigenen Ethnie angehören!
3. Das Leitungswasser darf nicht fluoridiert sein!
4. Die Steuern sollten niedrig sein, damit man sich seine Familie auch leisten kann!
5. Es sollte keine Schulpflicht herrschen, umso der Indoktrinierung der eigenen Kinder zu umgehen!
6. Gute Luft!
7. Dünner besiedelt! Großstädte sind eher zu meiden!

Sie sehen also, diese Kriterien sollten Ihnen an dieser Stelle schon bekannt sein, doch ändert dies nichts daran, dass Sie diese auch im Falle der Familiengründung berücksichtigen sollten.

Ich persönlich würde aufgrund der aktuellen politischen Lage und dem drohenden 3. Weltkrieg folgende Aufenthaltsorte empfehlen, falls Sie vorhaben eine Familie zu gründen (was ich Ihnen dringend raten würde!)

Kanada!

Hier ist Homeschooling für viele gang und gäbe! Zudem ist Kanada sehr dünn besiedelt, was bei einem „Fallout" oder einem Systemzusammensturz ein riesiger Vorteil sein kann (siehe umherziehende Banden auf der Suche nach Nahrung und „Frischfleisch!")

Die Landschaft Kanadas ist wunderschön und Heimweh werden Sie hier nur schwerlich bekommen, da alles hier doch sehr europäisch wirkt! Auch die Mentalität der Kanadier kann als offen und sehr liberal bezeichnet werden. (Für meinen Geschmack sogar schon etwas zu liberal, aber das wäre ein anderes Thema!!!)

Auch das Visum hier ist recht leicht zu bekommen. Wenn Sie noch unter 50 Jahre sind, einige tausend Euro auf dem Konto haben und eine solide deutsche Ausbildung vorweisen können, dann werden Sie hier sehr schnell Arbeit finden! Deutsche Elektroniker und Handwerker werden hier mit Handkuss genommen!

Ich empfehle Ihnen für Kanada folgende Städte, aufgrund ihrer recht niedrigen Kriminalität und dem Aspekt, dass deren Leitungswasser nicht fluoridiert wird:

Stadt/Ort	Bevölkerung	Fluoridfrei seit
Orillia, Ontario, Canada	30,300	July 17, 2012
Windsor, Ontario, Canada	279,000	January 28, 2013
Saint John, New Brunswick, CA	76,550	March 11, 2014
Muskoka, Ontario, Canada	58,000	October 21, 2013
Huntsville, Ontario, Canada	19,100	January 2014

Insidertipp: Wenn Sie wirklich Ruhe und Abstand wollen, von dem hektischem Leben in Europa und anderen Kanadischen Großstädten, dann empfehle ich Ihnen die Halbinsel Cape Breton in Nova Scotia! Dort gibt es eine kleine Community von wachen Deutschen Auswanderern, die sich dort in einer kleinen Siedlung niedergelassen haben. Die beiden „Truther" Michael Vogt (QuerdenkenTV) und Andreas Popp von der Wisssensmanufaktur dürften wohl die prominentesten Aussteiger in dieser Siedlung sein. Wenn Sie mehr über diese Siedlung, Kosten oder das Auswandern nach Kanada wissen wollen, dann empfehle ich Ihnen ein Seminar bei Andreas Popp zu besuchen:

http://www.wissensmanufaktur.net/veranstaltungen

Dieser kann und wird Sie auch (wenn Sie dies anmerken lassen) mit dem deutschen Bauunternehmer Rolf Bouman bekannt machen, der mehr ein Landerschließungsunternehmer als Bauunternehmer ist. Natürlich können Sie auch ohne Seminar mit Herrn Bouman in Kontakt treten:

http://www.immobilien-kanada.de/firmenprofil.html

Anmerkung: Auch wenn in Nova Scotia generell das Leitungswasser fluoridiert wird, so sind die Siedlungsprojekte von Herrn Bouman nicht davon betroffen, da hier nach Absprache, das Leitungswasser direkt aus der Erde geschöpft werden kann! Besser und gesünder geht es nicht!

Für Amerika halte ich besonders folgende Gebiete in Florida für sehr attraktiv:

Stadt/Ort	Bevölkerung	Fluoridfrei seit
Palatka, Florida	10,482	May 14, 2015
Boynton Beach, Florida	71,100	January 2015
Hernando County, Florida	173,422	February 26, 2014
Wellington, Florida	58,679	January 28, 2014
Milton, Florida	7,000	November 2012
Martin County, Florida	147,495	December 19, 2006
Boca Raton, Florida	85,329 (as of 2011)	October 25, 1999
Largo, Florida	77,723 (as of 2011)	July 15, 1997
Clearwater, Florida	107,784 (as of 2011)	July 15, 1997
North Redington Beach, Florida	1,418 (as of 2011)	July 15, 1997
Winter Springs, Florida	33,468 (as of 2011)	January 10, 1996
Pasco, Florida	466,457 (as of 2011)	December 14, 1995

(grün makierte Gebiete haben einen Whole Foods store!)

Für Australien würde ich folgende Städte/Orte vorschlagen:

Stadt/Ort	Bevölkerung	Fluoridfrei seit
Doomadgee, Australia	1,000	January 2015
Warwick, Queensland, Australia	13,400	November 26, 2014
Stanthorpe, Queensland, Australia	900	November 26, 2014
Allora, Queensland, Australia	5,400	November 26, 2014
Yangan, Queensland, Australia	400	November 26, 2014
Oberon, New South Wales, Australia	2,500	May 26, 2014
Mount Isa, Queensland, Australia	23,000	August 13, 2013
Rockhampton, Queensland, Australia	61,700	May 14, 2013
Innisfail, Queensland, Australia	1,075	April 23, 2013
Whitsunday Regional Council, Queensland, Australia	37,000	April 9, 2013
Charters Towers, Queensland, Australia	9,573	March 2013
Cloncurry, Queensland, Australia	2,800	February 25, 2013
Fraser Coast, Queensland, Australia	102,000	February 21, 2013
Hervey Bay, Queensland, Australia (Fraser Coast)		February 21, 2013
Maryborough, Queensland, Australia (Fraser Coast)		February 21, 2013

Location		Date
Tiaro, Queensland, Australia (Fraser Coast)		February 21, 2013
Burdekin, Queensland, Australia	18,192	February 12, 2013
Ayr, Queensland, Australia (Burdekin area)	9,000	February 12, 2013
Home Hill, Queensland, Australia (Burdekin area)	3,050	February 12, 2013
Brandon, Queensland, Australia (Burdekin area)	900	February 12, 2013
Bundaberg region, Queensland, Australia	100,000	February 12, 2013
Bargara, Queensland, Australia (Bundaberg region)	7,000	February 12, 2013
Childers, Queensland, Australia (Bundaberg region)	1,700	February 12, 2013
Gin Gin, Queensland, Australia (Bundaberg region)	2,000	February 12, 2013
Cairns, Queensland, Australia	153,000	January 29, 2013
Mossman, Queensland, Australia (Cairns area)	1,740	January 29, 2013
Port Douglas, Queensland, Australia (Cairns area)	3,200	January 29, 2013
Doomadgee Aboriginal Council, Australia	1,300	January 2013
Biggenden, Queensland, Australia (North Burnett area)	690	January 2013
Eidsvold, Queensland, Australia (North Burnett area)	630	January 2013
Gayndah, Queensland, Australia (North Burnett area)	1,800	January 2013

Monto, Queensland, Australia (North Burnett area)	1,300	January 2013
Mount Perry, Queensland, Australia	500	January 2013
Mundubbera, Queensland, Australia	1,050	January 2013
South Burnett, Queensland, Australia	28,191	January 2013
Blackbutt, Queensland, Australia (South Burnett)	1,055	January 2013
Nanango, Queensland, Australia (South Burnett)	3,083	January 2013
Kingaroy, Queensland, Australia (South Burnett)	7,620	January 2013
Wondai, Queensland, Australia (South Burnett)	1,402	January 2013
Murgon, Queensland, Australia (South Burnett)	2,131	January 2013
Atherton, Queensland, Australia (Tablelands Regional)	7,300	December 2012
Mareeba, Queensland, Australia (Tablelands Regional Council)	10,200	December 2012
Kuranda, Queensland, Australia (Tablelands Regional Council)	3,000	December 2012
Malanda, Queensland, Australia (Tablelands Regional Council)	2,100	December 2012

Fazit: Entscheiden Sie selbst, welches Land Ihren Vorstellungen entspricht. Mein persönlicher Favorit bleibt dennoch Teneriffa!

3.3. Wie überlebe ich den kommenden Kollaps des Systems!

Der kommende Kollaps besteht aus drei Elementen:

1. Kollaps der Papiergeldwährungen!
2. Bürgerkrieg!
3. Weltkrieg!

1. Kollaps der Papiergeldwährungen!

Um hier nicht wieder unnötig um den heißen Brei herum zu reden: Physisches Gold und Silber anonym aufbewahrt und der Aspekt der Geldentwertung ist kein persönliches Problem für Sie!

2. Bürgerkrieg!

Hier müssen Sie schon mehrere Dinge berücksichtigen. Ein Bürgerkrieg entsteht meist unmittelbar nach einem Währungskollaps. Denn wenn das Geld wertlos ist, dann bricht auch die Infrastruktur eines Landes zusammen. Supermärkte werden binnen Stunden leergeräumt sein, Lieferungen kommen für sehr lange Zeit nicht mehr nach, es bilden sich Banden die plündern gehen! Sprich: Es herrscht das Gesetz des Stärkeren! Sie können also die größten Lebensmittelvorräte der Welt haben, wenn Sie keine Waffen besitzen um diese zu verteidigen, sind Sie diese binnen weniger Tage wieder los! Denn wenn Menschen Hunger haben, sind sie zu allem fähig!

Also lautet die erste diverse neben gutem Survivalfood: Schusswaffen! Auch wenn es schwer ist diese in Deutschland auf legalem Wege zu bekommen, besser eine illegale Waffe in einem Bürgerkrieg, als gar keine! (Fragen Sie einfach ganz unverbindlich unter der Hand beim Waffenhändler von nebenan oder dem Freund/Bekannten im Sportschützenverein nach). Vor allen in den Städten wird das Chaos bei einem Systemkollaps am größten sein. Ziehen Sie daher also besser aufs Land! Dies wird Ihnen einen entscheidenden Vorsprung gegenüber den Städtern und Banden geben, um ggf. das Land noch sicher verlassen zu können!

Doch nicht nur ein Währungskollaps kann ein für Bürgerkriegsähnliche Zustände und Plünderer sorgen. Einige „Insider" darunter auch der ehemaliger ARD-Korrespondent Christoph Hörstel, gehen von einem EMP Angriff (Elektromagnetischer Impuls) aus, der alle Gerätschaften die mit Elektronik versehen sind, unbrauchbar macht (Autos, Internet, Stromleitungen etc.) Das System würde auch in diesem Falle vollkommen zusammenbrechen. Lieferanten könnten nicht mehr liefern, Telefone, Handys, Computer würden nicht mehr funktionieren. Es gäbe kein Strom mehr. Schon in kurzer Zeit würde es in den völlig überfüllten Großstädten in Deutschland zum Massensterben kommen. Solch ein Szenario scheint für Sie vielleicht noch völlig unglaubwürdig, doch bereitet sich laut Hörstel, die Elite schon genau auf so einen Angriff vor und will hierfür Zuflucht in den alten Bunkersystemen der „Nazis" finden. Hier gibt es das komplette Interview dazu:

https://www.youtube.com/watch?v=96Lr2J4Vdq0

Doch auch in Amerika gehen einige „Truther" und Insider von einem EMP Angriff, der willentlich von der „IS" ausgeführt werden soll, aus! Also auch wenn Sie planen in die USA auszuwandern, so sind Sie vor solch einem Szenario nicht sicher, geschweige denn das auch der Dollar bald als Weltleitwährung abgelöst und somit wertlos werden wird!

Merke: Im Bürgerkriegszustand benötigen Sie:

- Waffen!
- Verbündete! (Familie, Nachbarn, Freunde etc.)
- Nahrungsmittel! (Langzeitlebensmittel - NRG-5/Wasser! (siehe auch letzten Abschnitt)

Mit diesen drei Elementen sollten Sie auch ein derartiges Szenario, ob EMP-Angriff oder Bürgerkrieg sehr gut überstehen!

Weltkrieg!

Hier gelten die gleichen Grundsätze wie beim Bürgerkrieg, da es bei einem Weltkrieg auch zu:

- Nahrungsmittelknappheit kommt!
- Banden die rauben und vergewaltigen!
- Stromausfälle!

Es ist auch hier anzuraten, ziehen Sie aufs Land, da die Großstädte meist häufiger beschossen werden und sich durch die dortige demographische Lage schneller Chaos, wie beispielsweise Nahrungsmittelknappheit und Gewalt bildet!

3.4. Sauberes Trinkwasser immer und überall ohne jeglichen Aufwand!

Waffen, Gold, Nahrung und Unterkunft, bringen Ihnen gar nichts – wenn Ihnen nicht das wichtigste Lebenselixier zur Verfügung steht. Sauberes Trinkwasser! Was würden Sie dazu sagen, wenn ich Ihnen zeigen könnte – wie Sie immer und überall sauberes Trinkwasser haben – dass dazu noch in Ihre Hosentasche passt und darüber hinaus auch nur knapp 20$ (einmalig) kostet?

Folgen Sie diesem Link und Sie werden wissen was ich meine!!

http://www.selfrely.com/lifestraw/

Ich verspreche Ihnen, so etwas haben Sie noch nie gesehen!

Schlusswort!

Und das war es auch schon. Ich hoffe dieses Buch konnte Ihnen weiter helfen und Ihre offenen Fragen beantworten. Sie sollten nun einen enormen Informationsvorsprung gegenüber 99% aller Menschen auf diesem Planeten haben, denn diese werden allerhöchster Wahrscheinlichkeit nach, niemals in Kontakt mit derartigen Inhalten kommen. Da dies von der globalen Elite einfach nicht gewollt ist. Doch wie heißt es so schön: Wer suchet – der findet! Diejenigen (und dazu gehören eben auch Sie – sonst würden Sie diesen Satz niemals lesen!) die offen und unvoreingenommen den Fragen des Lebens auf den Grund gehen – werden früher oder später mit der NWO in Verbindung treten. Wer dann nicht verängstigt zurück in die Matrix schreckt, dem eröffnet sich eine ganz neue Welt mit ungeahnten Möglichkeiten. Ihnen sind nun einige dieser Möglichkeiten zuteil geworden. Nutzen Sie diese! Sie tun sich damit nur selber einen Gefallen und werden so weitaus höhere Chancen haben, Ihren Stammbaum weiterhin bewahren zu können!

Ich wünsche Ihnen, wo immer Sie sein mögen, alles Gute und GOTTES Segen auf all Ihren Wegen. Kämpfen Sie für die Wahrheit, verbiegen Sie sich nicht und denken Sie daran – alles hier auf Erden ist vergänglich – nur Ihre Taten nicht!

In diesem Sinne:

Liebe Grüße vom Fuchs!

[Unterschrift: Alexander Fuchs]

P.S. Wenn Ihnen der Inhalt dieses Buches gefallen hat und Sie der Meinung sind, das mehr Menschen wissen sollten, was in der Welt wirklich vor sich geht und wie man sich dagegen schützen kann, dann melden Sie sich bei unseren Partnerprogramm an und verdienen Sie richtig viel Geld damit, andere Menschen aufzuklären! Werden Sie ein Teil der Wahrheitsbewegung – die nicht wie üblich am Hungerstuch nagt – sondern S-Klasse fährt. Werden Sie ein Teil unseres exklusiven Clubs:

https://www.goldfinger-report.com/de/affiliate/

und vertreiben Sie unsere Produkte über Ihre Facebookseite, Ihren Blog oder You Tube Kanal!

Besuchen Sie auch unsere Internetseite:
www.goldfinger-report.com
und melden Sie sich dort für unseren kostenlosen Newsletter an, um immer auf dem Laufenden zu bleiben, was die internationalen Märkte und die Neue Weltordnung betrifft.

Printed in Poland
by Amazon Fulfillment
Poland Sp. z o.o., Wrocław